Alfonso Gálvez

FLORILEGIO

Segunda Edición

New Jersey
U.S.A. - 2023

CATALOGING DATA

Author: Gálvez, Alfonso, 1932–2022
Title: Florilegio, Segunda Edición

First Printing	New Jersey, 2013
Second Printing	New Jersey, 2023

Library of Congress Control Number: 2023912640

ISBN: 978-1-953170-33-0
      978-1-953170-34-7 (e-book)

Published by
Shoreless Lake Press
P.O. Box 157
Stewartsville, New Jersey 08886

Nota a la 2ª Edición

Se ha conservado el texto original, pero se han actualizado las referencias de muchos de los poemas a la nueva edición de los mismos, que revisó el autor en 2020 y que están publicados bajo el título: "Cantos del Final del Camino".

Asimismo se ha añadido un Índice y las citas de la Escritura, que faltan en la primera edición.

INTRODUCCIÓN

Un estudio en profundidad sobre la naturaleza de la Poesía tropezaría enseguida con el misterio. Y lo mismo puede decirse, ya más en concreto, con respecto a la Poesía religiosa, que también plantea cuestiones difíciles de resolver.

Probablemente muchos despacharán el problema asegurando que la Poesía no tiene nada que ver con el misterio. Y en cuanto a la Poesía religiosa, se apresurarán a decir que no es sino el arte poético de contenido específicamente religioso. El tema, sin embargo, es mucho más complejo de lo que puede parecer. No es posible honestamente dar por solucionadas ciertas cuestiones que, si bien pueden parecer sencillas a primera vista, no dejan de mostrar su extraordinaria profundidad a poco que se las considere.

El problema de la Poesía es uno de los muchos que, nada más ser planteados, todo el mundo cree conocer su solución. Pero que, sin embargo, llegado el momento de explicarlo, nadie es capaz de hacerlo de manera por completo satisfactoria.

La Poesía es la expresión de lo Bello —el *Pulchrum*— por medio de la palabra, ya sea oral o escrita. Lo mismo que la Pintura se vale de la imagen o la Música del sonido.

Pero el *Pulchrum*, junto con el *Bonum* y el *Verum* —los llamados *transcendentales*—, son a su vez la epifanía o mostración del *Ser*.[1] De ahí que lo que a menudo se presenta como Poesía, pero cuyo contenido es nulo puesto que *nada dice*, o bien porque carece de belleza, en realidad no guarda mucha relación con lo que podría ser considerado como producto de las Musas de la Poesía. Aunque aquí no vamos a detenernos en un tema que ya ha sido tratado por mí con cierto detenimiento en otros lugares de mis obras.[2]

En cuanto a la Poesía religiosa, podría definirse como aquélla cuyo contenido se delimita dentro del espacio de las creencias de la Religión. Desgraciadamente, si se

---

[1] A los que, como es sabido, habría que añadir el *Unum*.

[2] *Comentarios al Cantar de los Cantares*, Vol. I, Shoreless Lake Press, New Jersey (USA), 1994, págs. 185–215; *Comentarios al Cantar de los Cantares*, Vol. II, Shoreless Lake Press, New Jersey (USA), 2000, págs. 347–369; *Cantos del Final del Camino*, Segunda Edición, Shoreless Lake Press, New Jersey (USA), 2020, pags. V–XL. Nota del editor: De los *Comentarios al Cantar de los Cantares* se hizo una reimpresión en 2020.

tienen en cuenta las condiciones, aquí establecidas como necesarias, para calificar una composición literaria como auténtica Poesía, pronto se hace patente que la (verdadera) Poesía religiosa es asombrosamente escasa.

Ante todo, porque no pueden confundirse dos cosas tan distintas como son el *verso* y la *poesía*. Por supuesto que esta última puede configurarse tanto en forma de verso como en prosa..., siempre que la belleza se encuentre contenida en cualquiera de las dos modalidades. Por eso ha de tenerse en cuenta que una obra literaria no puede considerarse poética por el mero hecho de estar elaborada de modo versificado; sino que es preciso, además, que en su contenido resplandezca la belleza, *expresada en este caso mediante la palabra*. De ahí que, en cuanto a los temas de carácter religioso, un mero *verso piadoso*, por fervoroso que sea, no cumple todavía por ese simple hecho con las condiciones que exige el verdadero arte poético.

En este sentido, entre la escasa producción religiosa a considerar como verdaderamente poética, la poesía mística de San Juan de la Cruz sobresale como un producto aislado cuya indudable categoría está fuera de discusión. Existen otras poesías religiosas, no muy numerosas, dignas también de ser consideradas, como algunas rimas místicas de Santa Teresa, el famoso anónimo a Cristo Crucificado

No me mueve mi Dios para quererte, ciertas *Odas* de Fray
Luis de León, o algún soneto de Baltasar de Alcázar.

Quizá extrañe al lector la falta de citas de otros poetas clásicos de la Lengua Castellana. Circunstancia que
no se debe a otra cosa que al hecho de que apenas si han
cultivado la Poesía religiosa. Y en cuanto a las pocas composiciones que Lope de Vega, por ejemplo, dedica a la
Poesía religiosa, nada hay que decir sino que no parecen
ser precisamente de lo mejor de su obra. Por lo demás,
poco puede decirse de los poetas más modernos en lo que
se refiere a la Poesía religiosa, y menos aún si tenemos en
cuenta las condiciones que consideramos necesarias para
conceder valor poético a una composición literaria. Y con
respecto a los contemporáneos, sólo resta hacer una com-
prensiva alusión a la gran multitud de *poetas* religiosos
actuales, cuya ambición y buena fe son casi tan grandes
como su falta de inspiración poética.

Tampoco debe sorprender al lector la circunstancia de
que nunca traigamos a colación en nuestros trabajos a poetas extranjeros, salvo alguna rarísima excepción. La razón
de este proceder estriba en que la Poesía *es intraducible a
otra lengua distinta a la de su nacimiento.* Pues las ideas o
conceptos se pueden expresar, a través de la prosa, según
variadas y múltiples maneras que, en definitiva, no depen-
den exclusivamente de unas determinadas palabras (para

algo existen los sinónimos y la multitud de estilos litera-
rios) ni, por lo tanto, de un idioma determinado. Mientras
que en la Poesía, por el contrario, su contenido *depende*
a la vez de los conceptos y de las palabras expresamente
utilizadas en este caso. Y siendo estas últimas absolutamente diferentes al traducirlas a otra Lengua, pierden con
el cambio la belleza de la expresión (el concepto puede ser
el mismo, pero no la palabra que lo expresa). Sin contar
con las exigencias de la rima y con el hecho, por demás
indiscutible, de que una misma palabra puede ser bella en
un idioma (dentro o fuera del mismo contexto) pero no en
otro, por más que se refieran al mismo concepto.

Por otra parte, el verdadero arte poético, expresivo en
este caso de elevados sentimientos religiosos o místicos a
través de la belleza del lenguaje, no precisa utilizar necesariamente palabras piadosas o de carácter religioso, tal
como queda demostrado claramente, por ejemplo, en la
poesía de San Juan de la Cruz.

Por lo demás, tampoco conviene apresurarse en iden-
tificar la poesía religiosa con la poesía mística. Pues, si
bien es cierto que toda poesía mística es religiosa, no toda poesía religiosa es mística. Y si ya en el ámbito de la
Espiritualidad cristiana se admite una diferencia, incluso
esencial, entre la simple oración y la oración contemplativa, semejante diversidad habrá de ser tenida en cuenta

también, *mutatis mutandis*, con respecto a esas dos clases de poesía religiosa. Sin olvidar lo dicho más arriba acerca de que lo piadoso no es sinónimo de lo bello.

A veces se tiende a creer que la poesía religiosa, por el hecho de serlo y puesto que la belleza es un ingrediente necesario del carácter poético, no puede faltar nunca como elemento de su contenido. La verdad, sin embargo, es que *lo bello* no va necesariamente ligado a *lo religioso*, de primera intención al menos. En la Biblia aparecen textos muy expresivos en sentido contrario: *Soy gusano y no hombre, oprobio de los hombres y abyección para la plebe*,[3] por no aludir a otros muchos de los Profetas e incluso también del Nuevo Testamento. Pues el propósito de la Biblia no es artístico sino didáctico, sin que obste para nada el hecho de contener libros tan eminentemente poéticos como *El Cantar de los Cantares*.

Alguien podría objetar, no sin cierto fundamento, que la sublime gloria de la tragedia de la Cruz, unida a la bondad de Dios por la cual ha otorgado al cristiano la posibilidad de compartir los sufrimientos y la muerte de su Hijo, poseen la inefable belleza que se podría esperar de uno de los más grandiosos designios divinos. Sin embargo, también debe tenerse en cuenta que la magnificencia

---

[3]Sal 22:7.

que se desprende de tales gracias, concedidas tan generosamente al hombre, solamente es perceptible en el ánimo del discípulo de Jesucristo *por vía indirecta*, tanto por lo que hace a su contenido y efectos a percibir como por lo que se refiere al ámbito de la pura reflexión. Lo cual guarda poca relación con la Estética, cuyo esencial carácter consiste en mostrar el objeto meramente como *Pulchrum*, directamente y sobre todo ante la percepción sensorial del ser humano. No es la reflexión, sino la Estética, la que se relaciona con la contemplación directa del *Pulchrum*; y ya decía Santo Tomás que la belleza es percibida por el hombre a través de los sentidos de la vista y el oído.

Este libro es un sencillo comentario a algunas de las composiciones del autor, recopiladas especialmente en el opúsculo *Cantos del Final del Camino*,[4] en forma de breves capítulos y sin tratar de profundizar demasiado (en temas de por sí ya muy difíciles), a fin de que sea accesible a una gran mayoría de personas.

Puesto que el fin principal de la Poesía no es otro que el de manifestar sentimientos que de otro modo serían inexpresables, procurando para ello llegar hasta lo más íntimo del alma, o allí adonde no puede llegar la simple prosa,

---

[4] *Cantos del Final del Camino*, Segunda Edición, Shoreless Lake Press, New Jersey (USA), 2020; citado en adelante como *CFC*.

parece que el comentario a una obra de carácter poético no dejará de ofrecer dificultades. Por lo general, la explicación en prosa llana del contenido o significado de una obra poética no suele satisfacer a casi nadie. Tal como se desprende, por ejemplo, de la obra en prosa de San Juan de la Cruz, en la que el contraste entre la brillante *belleza* de sus poesías y la *aspereza* y complejidad de su prosa es bastante notorio; sin contar con que no siempre resulta patente el paralelismo que el Santo pretende establecer entre el lirismo de sus luminosas estrofas, de una parte, y las conclusiones doctrinales correspondientes, de otra.

Y con todo, si la Poesía es capaz de alcanzar rincones del alma a los que no puede llegar la prosa llana, *tampoco ella es capaz de decirlo todo.* Pues, siendo cierto que el corazón humano ha sido dotado de la capacidad de amar, con posibilidades de infinitud que, por eso mismo, nunca se pueden ver saciadas —*hasta que no descanse en Ti*, según decía San Agustín—, de ahí que la simple prosa siempre podría añadir algo a la Poesía; o al menos roturar para ella nuevos campos, capaces a su vez de ser también cultivados.

Y como la Poesía, si es verdadera, es siempre la expresión de un Amor que es incapaz de entender de límites o de medidas y al cual, precisamente por eso,

No pueden aguas copiosas extinguirlo
ni arrastrarlo los ríos...[5]

De la misma e idéntica manera cabe decir que,

ni océanos de palabras podrán nunca agotarlo,
ni elaborados discursos explicarlo.

De donde, si la Poesía puede suplir, siquiera en parte
y a través de la belleza de su lirismo, aquello que no pudo
expresar el lenguaje llano, cabe pensar entonces que siempre la prosa quizá pueda añadir algo a la Poesía. Pues es
claro que una finitud puede ser complementada por otra, y
ambas a su vez por otras nuevas..., hasta llegar todas ellas
a la única Infinitud que es capaz por sí sola de colmar el
corazón del hombre y de abarcar todas las cosas.

---

[5]Ca 8:7.

I

Si vas hacia el otero,
deja que te acompañe, peregrino,
a ver si el que yo quiero
nos da a beber su vino
en acabando juntos el camino.[1]

La existencia del cristiano transcurre como la de quien se encuentra desterrado en tierra extraña, por lo que su vida consiste en un incesante caminar hacia su Patria: *No tenemos aquí ciudad permanente, sino que vamos en busca de la futura.*[2]

Así fue como los grandes maestros de la espiritualidad cristiana entendieron el modo de vida del discípulo de Jesucristo: la *Subida al Monte Carmelo*, de San Juan de la Cruz, el *Itinerario del Alma hacia Dios*, de San Buenaven-

---

[1] *CFC*, n. 1.
[2] Heb 13:14.

tura, o el fatigoso camino a través de las diversas *Moradas* hasta llegar a lo más recóndito del *Castillo Interior*, de Santa Teresa. Incluso Jesucristo describió el periplo existencial de sus seguidores como la travesía a través de una senda difícil, estrecha y abrupta: *¡Qué angosta es la puerta y estrecho el camino que conduce a la Vida, y qué pocos son los que la encuentran!*[3]

De manera que lo primero que se hace patente al cristiano es el hecho de que su vida transcurre en tierra extraña, *fuera de su Patria*, hacia la cual precisamente se encamina. Una realidad que posee dos significados distintos, negativo y positivo.

Significado negativo para quienes se empeñan en hacer de la tierra por la que caminan su Patria definitiva. Es la postura hoy más extendida, incluso en la misma Iglesia dentro de los ambientes de la Teología progresista modernista, donde incluso es sostenida por Jerarquías Eclesiásticas de alto rango. Conduce a un fracaso desgarrador en el que se hace muy difícil la vuelta atrás.

Aunque existe también una inmensa multitud que parece pensar que ni siquiera hay camino por el que andar. Como puede verse, por ejemplo, en los conocidos versos de Antonio Machado:

---

[3]Mt 7:14.

> *Caminante, no hay camino,*
> *se hace camino al andar.*[4]

La falta de un camino que guíe los pasos del hombre hasta llegar a la Patria, donde le aguarda su Destino final, es propio de las ideologías paganas. Para el ateísmo, el hombre es un ser que vaga sin rumbo hasta acabar en la nada, según una concepción de la vida humana vacía de contenido y desprovista de sentido. En palabras del mismo Jesucristo, quien no le sigue a Él *anda en tinieblas,*[5] y de ahí que el cristiano sea bien consciente de que es un ser itinerante y un incansable buscador:

> *Buscando mis amores,*
> *iré por esos montes y riberas,*
> *ni cogeré las flores,*
> *ni temeré las fieras,*
> *y pasaré los fuertes y fronteras.*[6]

---

[4] Aunque es lo más probable que el poeta, más bien que negar la condición itinerante de la vida humana, no pretendiera otra cosa que la de hacerse eco de la dificultad de un camino que cada hombre ha de ir construyendo para sí mismo y que se encuentra, además, repleto de eventualidades.

[5] Jn 8:12.

[6] San Juan de la Cruz, *Cántico Espiritual.*

> *En la rosada aurora*
> *salí a buscar, del bosque en la espesura,*
> *a Aquél que me enamora,*
> *que me azara en rubor por su hermosura*
> *y que corra a su encuentro me apresura.*[7]

El sentido positivo del concepto de itinerancia corresponde a quienes saben que caminan por tierra desconocida e inhóspita, aunque con la segura esperanza de que les aguarda una Patria como Hogar definitivo, al cabo de una agreste singladura. Y es privativo de los discípulos de Jesucristo, los cuales saben bien, por boca del mismo Maestro, que existe tal camino y que está bien trazado y a mano firme: *Adonde Yo voy, ya sabéis el camino... Yo soy el Camino, la Verdad y la Vida.*[8]

Es verdad que la estrada de la existencia cristiana está colmada de dificultades y sinsabores (la senda estrecha y difícil). El principal de los cuales consiste, para el discípulo de Jesucristo, en verse forzado a vivir en la llamada *Noche Oscura* del alma, causada a su vez por el alejamiento de su Señor. De ahí que su existencia se vea tan colmada de ansiedades como alimentada de esperanzas, ante una ausencia que él por sí solo no sería capaz de comprender:

---

[7] *CFC*, n. 89.
[8] Jn 14: 4.6.

De noche se marchó hacia la montaña,
de noche se perdió por el sendero,
de noche me dejó por tierra extraña,
de noche me encontré sin compañero.[9]

Aunque goza de la clara conciencia de que camina hacia su Patria, mientras se ve subiendo hacia la cima del Monte Carmelo; o hasta el punto más alto del otero, como dice el verso. Lo cual es suficiente para colmar su corazón. Con una tan segura esperanza que sabe que jamás se verá confundida, según las palabras del Apóstol: *La tribulación produce la paciencia; la paciencia, la virtud probada; la virtud probada, la esperanza. Y la esperanza no quedará defraudada.*[10] De esta forma, los sufrimientos y contratiempos que le proporciona la vida *tienen sentido para él,* desconociendo así la amargura y la desesperación que se apoderan de quienes carecen de Jesucristo, que son aquéllos que viven sin esperanza y sin conocer el porqué de su existencia.

De alguna manera, caminar en dirección al Monte Carmelo, si bien es *todavía* una labor de itinerancia, también es en cierto modo un estar en la Patria, *ya poseída de*

---

[9] *CFC*, n. 23.
[10] Ro 5: 3–5.

momento, siquiera sea en forma de arras o primicias: *Vosotros os habéis acercado al Monte Sión, a la ciudad del
Dios vivo..., a la asamblea gozosa y a la Iglesia de los
primogénitos inscritos en los cielos.*[11]

Pues el cristiano no hace su camino en soledad —y de
ahí la ansiosa exclamación *deja que te acompañe, peregrino*—, sino que anda en compañía de su Maestro. Con
lo que tiene motivos suficientes para atravesar el Valle de
Lágrimas en el gozo de ir junto a Él, mientras escucha su
voz. Lo que le proporciona, ya desde ahora, un sentimiento de exultación que no es sino la primicia de lo que algún
día será para él la Alegría Perfecta: *El amigo del Esposo,
el que está presente y le oye, se alegra grandemente al oír
la voz del Esposo. Por eso mi alegría es completa.*[12]

Y más completa todavía cuando considera que también viaja con sus hermanos. Porque, como veremos enseguida, el amor a Dios pasa previamente, al menos como
condición, por el amor a ellos. Aunque Dios sea, en último
término, la fuente y el principio de todo amor.

---

[11]Heb 12: 22–23.
[12]Jn 3:29.

II

Deja que te acompañe, peregrino...

El cristiano no viaja solo en su peregrinación hacia la Patria, sino que lo hace en compañía de sus hermanos. Creado por el Amor y para el amor, su Fin último es el Amor Increado..., al que no es posible llegar, una vez emprendido el camino, sin haber vivido previamente el amor creado (1 Jn 4:20).

El cristiano ama a sus hermanos porque tanto él como ellos son igualmente hijos de Dios (1 Jn 3:1). Teniendo en cuenta, sin embargo, que al igual que el amor paterno–filial sobrenatural es inmensamente superior a ese mismo amor según la sangre o natural, lo mismo puede decirse del amor fraterno. Y más todavía, puesto que los hermanos pertenecen en este caso al mismo Cuerpo de Cristo y han sido redimidos por la misma Sangre.

Y con todo, la razón principal para amar a los hermanos en la fe se fundamenta en otra que es tan sencilla como profunda. Cual es la de que quien verdaderamente ama a Jesucristo, *ama también lo que es amado por Él.* Pues, ¿cómo no amar todo aquello que la persona amada hace objeto de su propio amor...? De ahí que San Juan diga claramente que *quien no ama a su hermano, a quien ve, no puede amar a Dios, a quien no ve.*[1]

Pero si partimos de la base según la cual el amor es la fuente de toda alegría (en Ga 5:22 aparece la caridad como el primero de los frutos que el Espíritu Santo causa en el alma, y el gozo como el segundo), pronto se comprende que el amor a los hermanos, lejos de ser una mera obligación impuesta por precepto, es fuente incesante de un regocijo digno de ese nombre y capaz de hacer exultar el alma. Ya el Antiguo Testamento lo proclamaba así, utilizando incluso palabras pintorescas:

> *¡Oh qué bueno y qué gozoso*
> *es estar los hermanos juntos!*
> *Es como ungüento precioso en la cabeza,*
> *que desciende por la barba,*
> *por la barba de Aarón.*[2]

---

[1] 1 Jn 4:20.
[2] Sal 133: 1–2.

Mientras que otras veces pondera los beneficios que se derivan de la unión entre hermanos: *El hermano ayudado por el hermano es como una plaza fuerte y muralla inexpugnable.*[3]

Sin embargo, hubo que esperar al Nuevo Testamento para llegar a la verdadera consagración del amor fraterno. Fue Jesucristo quien lo promulgó como su *mandamiento nuevo* y como señal distintiva, a la vez, por la cual serían reconocidos sus discípulos (Jn 13: 34–35).

El camino de peregrinación hacia la ciudad futura (Heb 13:14) es angosto, empinado y difícil (Mt 7:14). Por eso Dios, en su infinita bondad, quiso que el hombre viajara acompañado. Ofreciéndole a la vez la oportunidad de ejercitarse en el amor que un día, llegado ya a la meta, se convertiría en un inmenso y caudaloso río en el Cielo: cuando la parte pasará a ser el todo y el ensayo cederá el paso al estreno y representación definitiva de la obra.

Y así es como el caminar angustioso a través del Valle de Lágrimas se ha trocado, gracias al amor y a la bondad de Dios, en el gozo subsiguiente al sentimiento de ir acompañado por alguien a quien se ama. Como había comprendido muy bien San Juan Bautista: *El amigo del*

---

[3]Pro 18:19, según la versión Vulgata y el texto griego de la versión de los Setenta.

*Esposo, que le acompaña y le oye, se alegra grandemente
al oír la voz del Esposo. Por eso mi gozo es completo.*[4]
Pues caminar de manos del amor da alas para la andadura, y hasta convierte el yugo más duro en peso suave y en
carga ligera (Mt 11:30):

> *Acude y caminemos,*
> *y juntos cruzaremos por el vado,*
> *y juntos buscaremos*
> *las huellas del Amado,*
> *y juntos llegaremos a su lado.*[5]

Desgraciadamente, el corazón del hombre ha quedado tan menguado a causa del pecado que, con bastante
frecuencia, suele olvidar este estado de cosas. Al haberlo
imaginado como algo demasiado grande y elevado (nunca
lo sublime ha encontrado cabida en lo vulgar), lo ha sustituido por conceptos ordinarios y más capaces de adaptarse
a sus poco elevados sentimientos, más fácilmente comprensibles por quien ha optado por rebajar su propia condición.
Así es como la caridad —el verdadero amor— ha sido sustituida por la *solidaridad*; la conversación amorosa se ha

---

[4] Jn 3:29.
[5] *CFC*, n. 12.

reducido a la condición de puro *diálogo* (entendido al modo
puramente humano y cuya característica principal consiste
en no conducir nunca a nada); mientras que la veneración
a los hermanos por amor ha dado paso al respeto a los
derechos humanos. Y todo ello en un mundo de hipocresía
en el que no hay solidaridad que valga ni tampoco verdadero diálogo, y donde los derechos humanos no pasan de
ser una entelequia que nadie encuentra por ninguna parte.

Triste desgracia la de aquéllos que, habiendo sido destinados a caminar juntos en la alegría del amor fraterno,
olvidaron definitivamente que podían haber suavizado el
camino, siempre áspero y abrupto, mediante la dulce alegría de recorrerlo en compañía de aquéllos a quienes se
ama..., y la de sentirse a la vez amado por ellos:

> *Amado, subiremos*
> *al monte de la ruda y del comino,*
> *y luego que lleguemos*
> *al cabo del camino,*
> *alegres beberemos de tu vino.*[6]

---

[6] *CFC*, n. 15.

III

a ver si el que yo quiero
nos da a beber su vino...

En la noche de la Última Cena, llegado el momento de la institución de la Eucaristía, Jesús había dicho a sus discípulos: *Os aseguro que desde ahora ya no beberé más del fruto de la vid hasta el día en que lo beba nuevo con vosotros en el Reino de mi Padre.*[1]

La hora de beber del fruto de la vid junto con el Maestro, una vez llegados a la Casa del Padre, será el Final de un Camino que hasta ahora había sido un largo y penoso itinerario. Como decía el Apóstol: *He peleado un buen combate, he alcanzado la meta.*[2] Será el momento por el

---

[1]Mt 26:29.

[2]2 Tim 4:7.

que el discípulo durante tanto tiempo había suspirado y
para el cual había sido creado:

> *Amado, subiremos*
> *al monte de la ruda y del comino,*
> *y luego que lleguemos*
> *al cabo del camino,*
> *alegres beberemos de tu vino.*[3]

La imagen del vino posee una peculiar relevancia en
la Sagrada Escritura. Va siempre asociada a la idea de los
desposorios (episodio de las bodas de Caná), así como a la
del amor llegado a plenitud entre el Esposo y la esposa.
Se trata de una metáfora, ciertamente. Pero para el ser
humano este licor va unido siempre a la idea de la alegría:
El vino alegra el corazón del hombre, decía ya el salmista,[4]
y puesto que el gozo es el fruto consiguiente al amor, cau-
sados ambos por el Espíritu Santo en el alma, nada tiene
de particular que la esposa de *El Cantar de los Cantares*
compare los amores del Esposo a la suavidad del vino:

> *¡Béseme con besos de su boca!*
> *Son tus amores más suaves que el vino.*[5]

---

[3] *CFC*, n. 15.
[4] Sal 104:15.
[5] Ca 1:2; cf 1:4.

En ninguna realidad se hace más patente la indigencia del lenguaje humano —pobreza y miseria, habría que decir— como en la del amor, con la consiguiente dificultad para formular ciertos conceptos que, por otra parte, son los más elevados y sublimes. Pero si ya tales conceptos son incapaces de expresar en profundidad el contenido al que se refieren, ¿qué decir de los vocablos con los que se formulan dichos conceptos...? Así es como se ve el hombre *condenado* a no poder comunicar en totalidad a los demás, y ni siquiera a comprender por sí mismo, la insondable profundidad y grandeza de los sentimientos que *embargan* su alma. Y de ahí que su vida transcurra animada por la esperanza, salpicada de suspiros y alimentada de anhelos, en un impulso que tiende hacia adelante en busca de lo *indecible* que presiente, hasta sentirse morir de ansiedad cuando parece que aún no logra conseguirlo:

> *Sus ojos me miraron*
> *antes que el claro sol apareciera,*
> *y herido me dejaron*
> *de amor, en tal manera,*
> *que sin verlos de nuevo pereciera.*[6]

---

[6] *CFC*, n. 33.

Por eso el Esposo de *El Cantar de los Cantares* responde a la esposa con el mismo lenguaje. ¿Y de qué otro modo podría hacerlo si quiere ser oído y entendido por ella...? He ahí la maravillosa condescendencia del Amor, que de tal modo llega a *rebajarse* a fin de poder establecer una relación de intimidad con la creatura. Y por eso nunca será posible, ni siquiera en la Patria, llegar a comprender el grado infinito de amor que significa la Encarnación del Hijo de Dios:

> *¡Qué dulces son tus caricias, hermana mía, esposa!*
> *Dulces más que el vino son tus amores,*
> *y el olor de tus ungüentos*
> *es más suave que el de todos los bálsamos.*[7]

No es de extrañar que los poetas y enamorados del mundo hayan dedicado la inspiración de sus musas, junto al arte de sus liras, a cantarle al amor puramente humano. Cuando es imposible llegar a lo más alto e inaccesible, no queda sino contentarse con lo que está más cercano. ¿Cómo cantar al amor divino, y aun ni siquiera al amor divino–humano...? Sólo los místicos se atrevieron a hacerlo, utilizando para ello todos los tropos y figuras del lenguaje, siempre insuficiente por lo demás, y enteramente incapaz de expresar los sentimientos de un corazón ena-

---

[7]Ca 4:10.

morado de Dios. De ahí que la poesía mística, aun dentro de su insuficiencia, sea la cosa más capaz de conmover el corazón humano, hiriéndolo hasta el dolor y haciéndole sentir *aquello* que pudo haber sido..., y que se perdió por culpa del pecado.

Y la Escritura insiste en utilizar la imagen del vino para hablar de la *embriaguez* que produce el amor. Y es que ni Dios mismo, en su ardoroso deseo de comunicarse con el hombre, pudo hallar otras palabras para expresar mejor los sentimientos de *embeleso* —¿existirá otra palabra para decirlo mejor?— y de gozo inefable que produce el verdadero amor:

> *Voy, voy a mi jardín, hermana mía, esposa,*
> *a coger de mi mirra y de mi bálsamo,*
> *a comer la miel virgen del panal,*
> *a beber de mi vino y de mi leche.*[8]

Pero aún vivimos en este mundo, y son demasiados los hombres que no han querido entender estas cosas. Y de ahí la actualidad de las palabras del Evangelio de San Juan: *En Él estaba la vida, y la vida era la luz de los hombres. Y la luz brilla en las tinieblas, pero las tinieblas no la recibieron.*[9]

---

[8] Ca 5:1.
[9] Jn 1: 4–5.

IV

...en acabando juntos el camino.

Transcurrido el curso de la vida humana, cuya duración es indeterminada y su hora final imprevisible, llegado es el momento de gozar del descanso y de la felicidad del Hogar: *He luchado un buen combate, he consumado la carrera, he guardado la fe...*[1] Por eso hablaron algunos, con toda razón, de la *hermosura de la Muerte Cristiana*, haciéndose eco de un sentimiento también compartido por el Salmista: *Es preciosa ante los ojos del Señor la muerte de sus santos.*[2]

En realidad, si siempre fue bueno dejar atrás las peripecias de una vida —al menos mediante el *olvido* del que hablaba la poesía de San Juan de la Cruz— en la que

---

[1] 2 Tim 4:7.
[2] Sal 116:15.

abundaron más las penalidades que las alegrías, el gozo de la llegada al Hogar patrio encuentra hoy mayores razones para justificarse, dada la situación en la que se encuentra el Mundo. Y en lo que respecta al discípulo de Jesucristo, no cabe decir sino que necesariamente ha de sentirse extraño y forastero en un ambiente que no puede comprender y por el que se sabe despreciado. Por eso la *Carta a los Hebreos*, refiriéndose a nuestros antiguos Padres en la fe, decía que: *en la fe murieron todos ellos, sin haber conseguido las promesas, sino viéndolas y saludándolas desde lejos, y reconociendo que eran peregrinos y forasteros en la tierra... Pero aspiraban a una patria mejor, es decir, a la celestial. Por eso Dios no se avergüenza de ser llamado Dios suyo, porque les ha preparado una ciudad.*[3]

De ahí la hermosa despedida de su existencia terrena, tal como la describió San Juan de la Cruz en los versos de su inefable poesía:

> *Quedéme y olvidéme,*
> *el rostro recliné sobre el Amado,*
> *cesó todo y dejéme,*
> *dejando mi cuidado*
> *entre las azucenas olvidado.*[4]

---

[3]Heb 11: 13.16.

[4]San Juan de la Cruz, *Noche Oscura*.

Solamente a los Santos se les podía ocurrir la pirueta de considerar las tribulaciones de esta vida como simples *cuidados* a los que ahora ya se puede dejar atrás, considerándolas sencillamente como cosas *olvidadas*. San Juan de la Cruz, lejos de lamentarse por las penalidades pasadas, no escatima su regocijo para decir que las ama; puesto que si en su momento sirvieron para hacerle participar de la Existencia de Jesucristo y, más especialmente de su Muerte, ahora son perlas preciosas que adornan su corona. Y siendo así, ¿cómo podría quejarse del modo en que habían afectado a su vida? De ahí las palabras que les prodiga cuando asegura que las deja *entre las azucenas*.

Y si bien es cierto, como ya decía el *Libro de Job*, que la vida del hombre sobre la tierra (y más especialmente la del cristiano) es milicia (Jb 7:1), o un buen combate según la conocida expresión de San Pablo (2 Tim 4:7), también es preciso reconocer, tal como lo insinúa *El Cantar de los Cantares*, que se trata de un verdadero combate de amor (Ca 2:4).

Lo cual cambia por completo la perspectiva en la que ha de ser examinado el itinerario del cristiano a través de su trayectoria terrena. Puesto que la vida humana puede ser equiparada a una justa o torneo (1 Cor 9:25) cuando antes era considerada meramente como un caminar a través de un Valle de Lágrimas. Ahora aparece, sin embargo,

como una contienda entre rivales que tratan de conseguir
la victoria, sin que falte en ella la emoción consiguiente que
hace latir el corazón de los que van a luchar. Y más todavía: pues, ¿qué puede pasar cuando el rival con quien se va
a competir es nada menos que Dios, con las mismas posibilidades de victoria otorgadas a ambos agonistas? Tanto
es así como que cualquiera de ellos puede sentirse impulsado a correr más deprisa que su contendiente para llegar
primero a la meta:

> *Y aunque seguimos juntos el sendero*
> *deja que me adelante yo el primero*
> *allí donde se acaba la vereda*
> *y el duro trajinar atrás se queda.*[5]

Pues al amor pertenece la virtud de hacer que la lógi-
ca y la normalidad cambien el sentido, y hasta la sustan-
cia, de aquellas cosas que los hombres habrían calificado
normalmente como disparatadas y absurdas. Jesucristo no
mostró extrañeza ante la petición del Apóstol Pedro de ir
a su encuentro caminando por encima de las aguas. Por
otra parte, el siervo de la parábola de los talentos, devolvió
a su señor *el doble de lo que había recibido para negociar*

---

[5] *CFC*, n. 2.

(Mt 25:20), con lo que quedó claro para siempre que alguien puede entregar *más de lo recibido*; y que, si bien es cierto que *todo es gracia y que todo depende de la gracia*, también es verdad que le ha sido otorgada al hombre la facultad de *amar en verdad y con verdad*. Y de ahí que se haga en él realidad aquello de que *hay más alegría en dar que en recibir*.[6] De donde, siendo esencialmente el amor *donación y entrega aún más que recepción*, no podía ser de otra manera una vez que se ha entrado en un mundo de realidades en el que no existen las utopías.

Y puesto que, efectivamente, lo propugnado por la *Nueva Religión*, que es la del Modernismo, desconoce lo que es el verdadero Amor y sus exigencias, es por lo que vive de ensoñaciones que no tienen ningún fundamento en el mundo del ser. Debido a que *quien no ama no conoce a Dios, puesto que Dios es amor*,[7] la *Nueva Religión* vive de fantasías que no llegan más allá de lo que alcanza la imaginación humana; y de ahí que no crea en el Amor. Como que es algo demasiado grande que se le escapa, dado caso que no puede superar las limitaciones del entendimiento y del corazón humanos. Lo cual explica también que los teólogos modernistas, cuyos nombres de todos son conoci-

---

[6]Hech 20:35.
[7]1 Jn 4:8.

dos, no crean en la existencia del Infierno: ¿Cómo van a admitir la posibilidad de un *rechazo total* al ofrecimiento de un *Amor total* en el que no creen?

Y para que nada falte —el itinerario del cristiano a través del Valle de Lágrimas, como ocurre siempre con las vías de un amor que todavía está en camino, es una verdadera *aventura*—, también surgen durante la marcha difíciles momentos de oscuridad en los que parece que el Esposo ha desaparecido y como que fuera imposible encontrarlo de nuevo:

> *Subí hasta las estrellas*
> *en busca de vestigios de tus huellas,*
> *por si encontraba alguna*
> *caminando hacia el Sol, desde la Luna.*[8]

Hasta que llega por fin el momento en el que, dejado ya atrás el Camino andado y una vez consumada la tarea encomendada, ha llegado la hora de la feliz y definitiva unión con el Amado. El tiempo de hacer realidad el instante, tan ansiado y tan profundamente esperado, de arribar a las orillas donde se goza para siempre del inmenso Mar del Amor divino:

---

[8] *CFC*, n. 7.

Y allí mis penas fueron fenecidas
junto al mar que vio unidas nuestras vidas,
mecido en suaves ondas, producidas
por las azules aguas removidas.[9]

---

[9] *CFC*, n. 105.

V

Amado, yo quisiera
al aire del jardín gustar tu cena,
pues es la primavera
y el monte ya se llena
de romero, tomillo y hierbabuena.[1]

Un cierto hombre ofreció una gran cena...[2]

La cena es un quehacer diario en la vida del ser humano, uno más entre otros, cuya referencia es utilizada

---

[1] *CFC*, n. 47.
[2] Lc 14:16.

alguna vez por la Escritura para aludir al requerimiento amoroso hecho por Dios al hombre: *He aquí que estoy a la puerta y llamo. Si alguno escucha mi voz y me abre, entraré en su casa y cenaré con él, y él cenará conmigo.*[3]

A este propósito, una serie de acontecimientos clave en la vida de Jesucristo, fundamentales para los hombres de todos los tiempos y repletos de contenido, tuvo lugar en la noche de la *Última Cena*: la Institución de la Eucaristía, la Primera Misa celebrada en la Historia de la Humanidad, la institución del Sacerdocio, la Promulgación del Mandamiento Nuevo, el Mensaje y las últimas palabras de despedida... Demasiadas y grandes cosas que sobrepasarían en mucho el ordinario acontecimiento de una cena o cualquier intento de proporcionar explicaciones.

El libro del *Apocalipsis*, por su parte, emplea la metáfora de la *cena* para hablar de lo que Dios ha preparado para los que le aman: *Bienaventurados los llamados a la cena de las bodas del Cordero.*[4] Y también: *¡Venid y congregaos para la gran cena de Dios!*[5]

Igualmente, San Juan de la Cruz se refiere, en una de sus mejores estrofas, al carácter embriagador de una cena peculiar y de indudable carácter místico:

---

[3] Ap 3:20.

[4] Ap 19:9.

[5] Ap 19:17.

La noche sosegada
en par de los levantes de la aurora,
la música callada,
la soledad sonora,
la cena que recrea y enamora.[6]

Es cosa sabida que el lenguaje amoroso también utiliza esa metáfora para expresarse, siquiera sea de alguna manera y puesto que no le es posible acudir a otra mejor; y con mayor razón cuando se trata del amor divino–humano. Todo lo cual, hasta aquí, es fácil de comprender. Ahora bien, cabría preguntar: ¿Por qué valerse precisamente de la figura de la *cena* para hacer referencia a los momentos más delicados y profundos del amor?

Sin duda que la hora de la *cena* —ordinariamente acompañada de la ideas que suscita la *noche*—, ha evocado desde siempre en el ser humano el momento del descanso, del coloquio y del trato con los seres queridos una vez que han sido consumadas las tareas del día. Incluso parece ser el instante preferido por los seres que se aman como el más adecuado para gozar de la intimidad que siempre ha buscado el amor. Después de todo, como muestra la historia de la Espiritualidad cristiana, fueron los grandes enamorados de Jesucristo quienes se mostraron partidarios de la

---

[6]San Juan de la Cruz, *Cántico Espiritual*.

superioridad de la vida *contemplativa* sobre la *activa*. Y es que el diálogo amoroso encuentra su lugar más propio, junto con el silencio, en la quietud que proporcionan la soledad y el alejamiento de las cosas.

¿Por qué Jesucristo eligió el momento de la Cena para vivir algunos de los instantes más intensos de su existencia, en los que apuntaba ya la culminación de su misión, y que Él aprovechó para recapitular lo más entrañable de sus enseñanzas? La cuestión de la oportunidad del momento, considerada en sí misma, no parece gozar de transcendental importancia, aunque es indudable que posee un profundo significado místico. Al fin y al cabo, el momento de la *cena* entraña la idea del *fin de la jornada*, en el que se da de mano a los trabajos del día y se considera llegado el momento del descanso y de la intimidad familiar o amorosa.[7] Y todo ello antes de que la noche (que en este caso sería la oscuridad) acabe de abatirse. Que por eso decía Jesucristo que *es necesario que hagamos las obras del que me ha enviado mientras es de día, porque llega la noche cuando nadie puede trabajar.*[8]

---

[7]Conviene recordar que San Agustín asociaba la idea del amor con la del descanso: *Nos hiciste, Señor, para ti y por eso nuestro corazón andará inquieto hasta que descanse en ti.* Para el Santo, el Amor requiere el descanso, además de que no puede darse el descanso sin amor.

[8]Jn 9:4.

En este sentido, la idea del *fin de la jornada* significa, sobre todo para el cristiano, *el final del viaje.* Que es lo mismo que decir el momento de la llegada a la Patria, cuando las fatigas e inclemencias del camino quedan ya atrás. San Juan de la Cruz hablaba a este respecto de los cuidados que le habían embargado durante su vida y que ahora, por fin, dejaba atrás, *olvidados entre las azucenas.* Pensamiento que ha sido común en la poesía mística:

> *Y aunque seguimos juntos el sendero*
> *deja que me adelante yo el primero*
> *allí donde se acaba la vereda*
> *y el duro trajinar atrás se queda.*[9]

La esposa de *El Cantar de los Cantares* parece igualmente deseosa de buscar los instantes más propicios, en los que reina el silencio y se goza de la soledad, para estar junto al Esposo:

> *Ven, amado mío, vámonos al campo;*
> *haremos noche en las aldeas.*[10]

---

[9] *CFC*, n. 2.
[10] Ca 7:12.

Sin embargo, también quiere apresurarlos, quizá con el fin de saborearlos antes de que la oscuridad total de la noche se abata sobre el mundo:

> *Antes de que refresque el día*
> *y se extiendan las sombras*
> *ven, amado mío, semejante a la gacela,*
> *semejante al cervatillo, por los montes de Beter.*[11]

Evidentemente, algo que parece desprenderse —entre otras muchas cosas— de todo este poético mundo de metáforas y alegorías, es la necesidad en la que se encuentra el cristiano de aprovechar el *corto instante* en el que Dios le ofrece su Amor para aceptarlo. Pues la vida es demasiado breve y se esfuma rápidamente, abocada como está a un momento final cuya llegada nunca es previsible —*A la hora que menos penséis vendrá el Hijo del Hombre*[12]—. De donde otras dos importantes lecciones a tener en cuenta aquí:

La primera se refiere a que la mejor parte es aquélla que alguien supo escoger, muy inteligentemente: *Marta, Marta, te preocupas e inquietas por muchas cosas. Cuando una sola es necesaria. Y María ha escogido la mejor*

---

[11]Ca 2:17.
[12]Lc 12:40.

parte, que no le será arrebatada.[13] La otra, en completa concordancia con la anterior, tiene que ver con el atinado consejo de San Pablo a los fieles de Colosas, dirigido también a todos los cristianos: *Buscad las cosas de arriba...,* *saboread las cosas de arriba, y no las de la tierra.*[14]

---

[13]Lc 10: 41–42.
[14]Col 3: 1–2.

VI

Amor a la Justicia.

El verdadero discípulo de Jesucristo, mientras dura su condición de peregrino sobre la tierra, no puede sino sentir repugnancia por el mundo en que vive.

Sumido en un ambiente cada día más pagano y que incluso odia a Dios, el discípulo se ve obligado a vivir en una sociedad en descomposición en la que lo más aberrante se ha convertido en lo normal, y en la que se han alcanzado niveles de degradación que colocan al ser humano en una situación muy inferior a los de los animales.

Viviendo en tal medio, quienes se atreven a oponerse a los criterios del mundo son perseguidos de manera despiadada. El mismo cuadro de valores que a lo largo de tantos siglos fueron configurando la civilización cristiana, es objeto hoy, sin embargo, del más absoluto de los desprecios.

Así se ha hecho posible que el Reino del Engaño haya quedado entronizado de forma definitiva, ayudado a su vez por los nuevos sistemas de manipulación de las mentes, con los que se ha logrado que el hombre abrace sin vacilaciones la opción por la Mentira.

Hasta la misma Iglesia ha caído en el abismo de una profunda crisis, en la que sus Jerarcas no han sabido impedir el hundimiento en la confusión de millones de sus hijos. Y si bien es un hecho conocido el de que la Institución no puede perecer, según la promesa de su Divino Fundador, los fieles de buena voluntad *se ven ahora obligados a buscarla por uno u otro lado, en cuanto que a menudo no resulta fácil encontrar dónde está la verdadera Iglesia.*

En tal situación, es comprensible que el cristiano que sinceramente busca a Jesucristo sienta nostalgia del Cielo, junto a unos vehementes deseos de apartarse del ruido y de las cosas de este mundo a fin de estar con su Señor. Y por eso decía la esposa de *El Cantar de los Cantares*:

> *Ven, amado mío, vámonos al campo;*
> *haremos noche en las aldeas.*
> *Madrugaremos para ir a las viñas,*
> *veremos si brota ya la vid,*
> *si se entreabren las flores, si florecen los granados,*
> *y allí te daré mis amores.*[1]

---

[1]Ca 7: 12–13.

De lo cual también se hace un lejano eco la poesía mística popular:

> *Vayamos a los prados*
> *y a la rosada aurora esperaremos*
> *de todos olvidados.*
> *Y allí nos quedaremos*
> *y el despertar del campo escucharemos.*[2]

Tenido en cuenta lo cual, ¿habrá que creer entonces que el cristiano ya no se considera ciudadano de la ciudad terrenal? ¿Tal vez haya que imaginarlo como un desertor, o como indiferente al menos a las cosas de este mundo?

La pregunta podría ser contestada simplemente negando el supuesto. Para el sentimiento común, el cristiano se ocupa por igual de las dos esferas: la del cielo y la de la tierra, sin que parezca haber pensado nadie que vaya a dejar de colaborar en la edificación de la ciudad terrestre como ciudadano de pleno derecho. Aunque tal respuesta, si bien es correcta, en cierto modo no deja de ser simplista. Pues el problema es bastante más complicado de lo que parece, dado que el discípulo de Jesucristo se ve abocado a situaciones de tensión tan paradójicas como refractarias a las soluciones sencillas.

_____

[2] *CFC*, n. 106.

Jesucristo tuvo buen cuidado en subrayar que sus discípulos habrían de permanecer en este mundo, a pesar de no pertenecer a él, por lo que elevó su petición al Padre *no para que los sacara de este mundo, sino para que los librara del Maligno* (Jn 17:15). Por lo demás, según la parábola de los talentos, las monedas son entregadas a los siervos, *no para que las guarden, sino para que las negocien hasta que vuelva su Señor a recibir cuentas; y por eso el siervo perezoso es arrojado a las tinieblas* (Mt 25: 14 y ss.). San Pablo, por su parte, cree que va a recibir por fin la corona de la justicia *después de haber luchado un buen combate y consumado la carrera* (2 Tim 4:7). En realidad, todo el conjunto de la Revelación insiste siempre en que cada uno recibirá una retribución *según sus obras.*[3]

Con todo, el discípulo de Jesucristo, a semejanza de María la hermana de Lázaro, que supo elegir la mejor parte (Lc 10:42), vivirá siempre bajo el impulso de escapar de este mundo para estar con su Señor. Y así es como, por ejemplo, lo afirmaba San Pablo: *Me siento apremiado por los dos extremos: el deseo que tengo de morir para estar con Cristo, lo cual es muchísimo mejor, o permanecer en la carne, que es más necesario para vosotros.*[4] Y de ahí

---

[3]Aparte de los textos contenidos en los Evangelios, cf., por ejemplo, Ro 2:6; Ap 2:23; 18:6; 20: 12–13.

[4]Flp 1: 23–24.

su consejo a los colosenses: *Buscad las cosas de arriba...* *Saboread las cosas de arriba, no las de la tierra.*[5]

De ahí la situación de *tensión*, o de corazón desgarrado, a la que se ve sometido el cristiano durante el período de su peregrinación terrenal. No puede desconocer que se encuentra viajando por una tierra extraña, caminando en busca de su verdadera Patria: *No tenemos aquí ciudad permanente, sino que vamos en busca de la futura.*[6] Considerado el problema desde un punto de vista superficial, y más todavía si se prescinde de la fe, cabría pensar que el cristiano se encuentra sometido a una situación de esquizofrenia existencial: por una parte, ha de vivir en el mundo con todas sus consecuencias y afrontando todo tipo de eventualidades; y por otra, ha de sentirse enteramente ajeno a su entorno y actuar como si nada tuviera que ver con él. Como decía el Apóstol, a propósito de este último punto: *Hermanos, os digo esto: el tiempo es breve. Por lo tanto, en lo que queda, los que tienen mujer, que vivan como si no la tuviesen; y los que lloran, como si no llorasen; y los que se alegran, como si no se alegrasen; y los que compran, como si no poseyesen; y los que disfrutan de este mundo, como si no disfrutasen. Porque pasa la apariencia*

---

[5] Col 3: 1–2.
[6] Heb 13:14.

de este mundo.[7] ¿Estamos, según esto, ante la aporía de dos situaciones antagónicas e insostenibles en su mutua oposición...?

El arroz suele cultivarse en tierras cálidas y en terrenos pantanosos o encharcados, por lo que se dice que es una planta que gusta tener los pies en el agua y la cabeza en el fuego. La postura del cristiano no se sustenta sobre una base contradictoria, *sino en una posición de equilibrio entre posiciones aparentemente contrarias pero que en realidad son complementarias.* Y como suele suceder en cualquier situación en la que es preciso guardar un cierto equilibrio: que resulta difícil mantenerlo. Por lo que conviene recordar que nadie ha dicho que la existencia cristiana sea cosa fácil o proclive a las posturas cómodas. Se trata de situaciones complementarias porque el ser humano es materia y espíritu, sometido a la prueba mientras camina por un sendero que está situado entre dos mundos —el Cielo y la Tierra— a los que pertenece a la vez, en franca necesidad de probar su fe y de participar así en los sufrimientos y en la muerte de su Señor.

De ahí la necesidad de que pisen sus pies la tierra con firmeza, a fin de poder compartir los problemas de sus hermanos..., y de poner al mismo tiempo su corazón en

---

[7]1 Cor 7: 29–31.

el Cielo, su verdadera Patria a la cual incansablemente se dirige. Sin que se pueda decir que cualquiera de las dos posiciones deje de tener importancia ante la otra, dado que son complementarias y mutuamente se necesitan: la entrada en la Patria prometida que es el Cielo, por ejemplo, depende del modo como se haya llevado a cabo la andadura en la Tierra; mientras que una estancia fructuosa en la Tierra, aprovechando en plenitud las eventualidades, circunstancias y problemas (los propios y los de sus hermanos, los demás hombres) que se vayan presentando, está vinculada al hecho de haber sabido elevar el corazón al Cielo.

De todos modos, la andadura terrenal se hace suavidad, y hasta se reviste de belleza, cuando el corazón vive en la nostalgia de su Señor, cuyo recuerdo llena la existencia del discípulo con la segura esperanza de que algún día el Camino habrá llegado por fin a su término. Donde *no habrá ya muerte, ni llanto, ni lamento, ni dolor, porque todo lo anterior ya pasó.*[8] Y cuando el discípulo enamorado de su Señor haya arribado definitivamente

> *allí donde se acaba la vereda*
> *y el duro trajinar atrás se queda.*[9]

---

[8] Ap 21:4.
[9] *CFC*, n. 2.

Será allí, y solamente allí, donde la esposa escuchará por fin con claridad la voz del Esposo. Y donde se unirá para siempre con Aquél a quien su inquieto y herido corazón anduvo buscando durante toda una vida:

> *Y allí mis penas fueron fenecidas*
> *junto al mar que vio unidas nuestras vidas,*
> *mecido en suaves ondas, producidas*
> *por las azules aguas removidas.*[10]

---

[10] *CFC*, n. 105.

VII

De noche se marchó hacia la montaña,
de noche se perdió por el sendero,
de noche me dejó por tierra extraña,
de noche me encontré sin compañero.[1]

Desde que Jesucristo ascendió a los Cielos a la vista de sus Apóstoles y discípulos, los cristianos han llorado por su ausencia y sufrido la nostalgia de su presencia. Si bien se han sentido confortados, sin embargo, por la esperanza de su prometido Regreso. Desde entonces han trascurrido siglos, e incluso milenios, en los que los discípulos que todavía perseveran se han visto abrumados por la tristeza de sentirse abandonados, a la vez que sostenidos por el deseo vehemente de verlo de nuevo.

---

[1] *CFC*, n. 23.

Al principio de los acontecimientos, la Comunidad primitiva estaba convencida de que su Regreso era cosa de días, tal vez de meses, pero no de mucha mayor tardanza en todo caso. Sin embargo fue pasando el tiempo y, tal como ocurrió con las vírgenes de la parábola, la desesperanza fue invadiendo a los discípulos y el recuerdo de su Señor se fue haciendo cada vez más difuso.

Pues es verdad que se estaba demorando demasiado: *Como tardaba en venir el esposo, les entró sueño a todas y se durmieron.*[2] Hoy apenas si queda un reducido número de discípulos que lo siguen aguardando, en grupos aislados cada vez más reducidos, a medida que el Mundo intensifica su persecución contra ellos. Y por si todo eso fuera poco, viven todos bajo la inquietud del anuncio de su Maestro, o aquélla según el cual aún no ha llegado lo peor: *Pero cuando venga el Hijo del Hombre, ¿encontrará fe sobre la tierra?*[3]

Por supuesto que, dada la situación del Mundo y la que padece la Iglesia, no es extraño que los que siguen siendo fieles vivan agobiados por la tristeza que les produce la ausencia de su Señor. La cual, por cierto, ya había sido anunciada por Él en la Noche de la Cena de Despedida:

[2]Mt 25:5.
[3]Lc 18:8.

*Ahora voy a quien me envió y ninguno de vosotros me
pregunta: "¿Adónde vas?" Pero porque os he dicho esto
vuestro corazón se ha llenado de tristeza; pero os digo
la verdad: os conviene que Yo me vaya...*[4] Y ya antes les
había advertido: *Hijos, todavía estoy un poco con vosotros.
Me buscaréis, y como les dije a los judíos: "Adonde Yo
voy, vosotros no podéis venir", lo mismo os digo ahora a
vosotros.*[5]

Decía León Bloy que la única tristeza es la de no ser
santos. Pero en realidad todavía se puede hablar de una
tristeza mayor, cual es la que se deriva del hecho de la ausencia del Señor. Cualquier otra cosa que pueda ocurrirle
a un cristiano no debiera suponer para él motivo alguno
de angustia, puesto que, para los que aman a Dios, todo
lo que les sucede es para su bien (Ro 8:28).

La esposa de *El Cantar de los Cantares* se lamenta
amargamente porque no encuentra al Esposo, cuando lo
busca ansiosamente en medio de la noche. Pues noche es
para el cristiano cualquier situación en la que Jesucristo
parezca haber desaparecido: *Porque llega la noche, cuando
nadie puede trabajar.*[6] Pues, ¿qué se puede hacer, cuando
la ausencia del Esposo lo convierte todo en *Noche Oscura*

---

[4] Jn 16: 5–7.

[5] Jn 13:33.

[6] Jn 9:4.

en la que la vida parece haber quedado privada de todo
su sentido?:

> *En el lecho, entre sueños, por la noche,*
> *busqué al amado de mi alma,*
> *busquéle y no le hallé.*
> *Me levanté y recorrí la ciudad,*
> *las calles y las plazas,*
> *buscando al amado de mi alma.*[7]

Pero entonces, ¿dónde ir cuando todo parece indicar
que el mundo ha perdido la fe y que hasta la misma Iglesia
ha llegado a pensar que es el hombre —su dignidad, sus
derechos— lo único que verdaderamente importa?

¿Cabe imaginar una situación más dolorosa que la ofre-
cida por la Iglesia y el Mundo, los cuales parecen haber
perdido de vista a Jesús y ya no encuentran la forma
de hallarlo por ninguna parte? *Mujer, ¿por qué lloras?*
—preguntaron los ángeles en el sepulcro ya vacío a María
Magdalena—. *Porque se han llevado a mi Señor y no sé
dónde lo han puesto*, respondió ella.[8]

¿Acaso se encuentra ya la Iglesia Peregrina en la etapa
final y más difícil de toda su Historia, señalada en las
profecías como la de los Últimos Tiempos? ¿Es llegado

---

[7]Ca 3: 1–2.
[8]Jn 20:13.

el momento difícil en el que hasta los mismos elegidos, sintiéndose aislados y abandonados en medio de un mundo descreído, se enfrentan también al peligro de llegar a dudar de su fe (Mt 24:24)? Pero si el Mundo ya no encuentra a Jesucristo, es que las Tinieblas se han caído sobre él:

> *De noche se marchó el Amado mío,*
> *como se oculta el sol tras el collado,*
> *cual se pierde en el mar el ancho río*
> *y en los espesos bosques el venado.*[9]

Con todo, el verdadero discípulo de Jesús nunca verá defraudada su esperanza: *Nos gloriamos en las tribulaciones sabiendo que la tribulación produce la paciencia; la paciencia, la virtud probada; la virtud probada, la esperanza. Y la esperanza no defrauda.*[10] Al final, cuando todo parece perdido, de nuevo vuelve a oír en la lejanía el silbo del pastor que lo orienta hacia donde Él se encuentra:

> *De tu vergel un ave*
> *por tu ausencia cantaba en desconsuelo;*
> *y oyó tu voz suave,*
> *y, alzándose del suelo,*
> *a buscarte emprendió veloz su vuelo.*[11]

---

[9] *CFC*, n. 22.
[10] Ro 5: 3–5.
[11] *CFC*, n. 9.

VIII

En la noche serena
del silencioso valle nemoroso,
en honda y dulce pena,
la espera del Esposo
de ardorosa impaciencia mi alma llena.[1]

La Esperanza es la Cenicienta de las tres virtudes teologales. La menos conocida, de la que menos se habla, e incluso la que es considerada por muchos como la que goza de menos importancia. La verdad es, sin embargo, que componen las tres una unidad en la cual, de faltar una sola, desaparecerían también las otras dos. San Pablo las cataloga sin más como *las tres virtudes*, reconociendo

---

[1] *CFC*, n. 108.

que forman un conjunto homogéneo en el que, sin embargo, le es asignado a la caridad el puesto más importante (1 Cor 13:13).

En el presente estado de peregrinación hacia la Patria en el que se encuentra el cristiano (Heb 13:14), la Caridad sin la virtud de la Esperanza carecería de sentido y ni sería imaginable su existencia. Y lo mismo puede decirse de la Esperanza a falta de la Caridad, o de la Fe con respecto a cualquiera de las otras dos.

Es cierto, sin embargo, que una vez consumado el Camino y alcanzada definitivamente la Jerusalén Celestial, solamente la Caridad permanece en tan bienaventurada existencia (1 Cor 13:8), pues *la esperanza que se ve ya no es esperanza; pues ¿acaso uno espera lo que ve?*[2] Pero mientras llega ese momento, es la Esperanza la que da sentido y proporciona el aliento necesario para peregrinar a través del Valle de Lágrimas. ¿Y hacia dónde se encaminaría el cristiano sin ella...? ¿Y qué valor habría que conceder a una existencia terrena llevada a cabo a través de una senda estrecha, ardua y empinada (Mt 7:14), sin saber adónde se va ni el porqué de tan duro camino...? Así pues, sin la virtud de la Esperanza, se desvanece toda idea de una existencia cristiana que, por otra parte, deja-

---

[2]Ro 8:24.

ría de tener significado: *Y si tenemos puesta la esperanza en Cristo sólo para esta vida, somos los más miserables de todos los hombres.*[3] Que por eso alguien dejó constancia:

> *En vacilante vuelo y derrotero,*
> *busca un ave, de amores malherida,*
> *al que fue de su vida el compañero,*
> *mas viendo su esperanza ya perdida,*
> *muerta quedó tendida en el sendero.*[4]

A principios de los años cincuenta del siglo pasado, publicó Samuel Beckett su tragicomedia *Esperando a Godot*, dentro del género del *teatro del absurdo*. Una obra existencialista que trata de mostrar la carencia absoluta de sentido de la vida humana, y en la que dos personajes, Vladimir y Estragon, esperan en vano a un tal Godot que nunca llega. Aunque el autor negaba toda referencia a Dios en la alusión al nombre del esperado Godot (*God*, o Dios en el idioma inglés), es evidente la intención nihilista de mostrar la suprema incoherencia humana en el hecho de esperar a un Dios prometido que no llega y que nunca va a llegar. Y en ese sentido fue universalmente interpretada la obra.

---

[3] 1 Cor 15:19.
[4] *CFC*, n. 26.

Y ya en el terreno de la perspectiva correcta, hemos visto que, según San Pablo, la pérdida de la verdadera Esperanza convierte al cristiano en el más miserable de todos los hombres. Claro está que el existencialismo, atraído siempre por el misterioso abismo sin fondo del *no–ser*, va más allá y disminuye al hombre hasta reducirlo a un ser sin esperanza, abocado a la nada y sometido a una forma de existencia efímera y carente de sentido.

Y con todo, aún no ha llegado la creatura a comprender lo que sucede cuando se reniega de la Esperanza, teniendo en cuenta que la tragedia que sigue como resultado sobrepasa a todo lo imaginable por el entendimiento humano. Ya no se trata ahora de que la pérdida de la Esperanza deje reducido al hombre a un ser *para la nada*, como quiere el existencialismo, sino que lo convierte en una creatura condenada a una eterna desesperación en la que ha desaparecido cualquier asomo de esperanza. No en vano Dante coloca en el frontispicio de la Puerta de Entrada al Infierno la inscripción:

> *Por mí se va a la ciudad doliente;*
> *por mí se va al eterno dolor;*
> *por mí se va entre la gente perdida.*

La Justicia movió a mi supremo Autor.
Me hicieron la divina potestad,
la suma sabiduría y el amor primero.

Antes que yo no hubo cosa creada,
sino lo eterno, como yo, que duro para siempre.
Vosotros, los que entráis, dejad aquí toda esperanza.[5]

De manera que en la Ciudad del Dolor que dura para siempre, de la que ha sido desterrado definitivamente cualquier indicio de Amor, también se ha desvanecido definitivamente la Esperanza, que jamás volverá a aparecer en la constante sucesión de siglos y siglos que, en el tiempo–sin–tiempo de la Eternidad, ya no conocerá término ni fin.

La virtud de la Esperanza, si bien es verdad que proviene de lo Alto, es engendrada en su origen por las tribulaciones y sufrimientos que el discípulo de Jesucristo va encontrando a lo largo de su vida. Pues ella es la que, por paradoja, da sentido y convierte tales pruebas en frutos de Eternidad, además de ser la causa principal de la Alegría que normalmente colma la existencia cristiana, como hace notar el Apóstol San Pablo: *Nos gloriamos en las tribulaciones sabiendo que la tribulación produce la paciencia; la paciencia, la virtud probada; la virtud probada, la esperanza. Y la esperanza no defrauda, porque el amor de*

---

[5]Dante, *La Divina Comedia*, Infierno, Canto 3.

Dios ha sido derramado en nuestros corazones por medio del Espíritu Santo que se nos ha dado.[6]

Por lo cual, y en contra de lo que suele creerse, lejos de ser la Esperanza *una mera virtud de consolación,* debido a una de esas extrañas aparentes contradicciones cuyo fondo último sólo Dios conoce, está destinada a sembrar de gozo el viaje del cristiano en su recorrido hasta la Patria. Un apasionante itinerario que, si bien normalmente transcurre, tal como ha sido dicho, a través de una senda angosta y abrupta, adquiere sin embargo al mismo tiempo el tono que correspondería al Camino de la Perfecta Alegría.

---

[6]Ro 5: 3–5.

IX

Diálogo amoroso.

En el terreno que estamos tratando, hablar de *Diálogo Amoroso* sería una tautología. Y si se quiere decir de manera más clara, una redundancia, puesto que no hay verdadero diálogo que no sea amoroso. Si toda relación entre seres racionales, ya sea del Creador con sus creaturas, la de éstas con su Creador o la de ellas mismas entre sí, adopta necesariamente la forma de una *relación amorosa*, fácil es comprender que no hay modo alguno de que pueda realizarse si no es a través del amor.

Todas las creaturas son un reflejo de las perfecciones divinas, de las cuales participan en grado mayor o menor. No puede haber relación alguna, digna de ese nombre, entre las creaturas racionales, que no implique una analogía de semejanza con las relaciones existentes entre las Personas Divinas.[1]

La Palabra pronunciada acerca de Sí mismo y para Sí mismo por el Padre desde la Eternidad, encuentra como Respuesta exhaustiva, *en el mismo instante* atemporal y eterno, la Persona del Hijo (generación intelectual). La cual corresponde a su vez con la réplica de un *Sí* amoroso, perfecto y absoluto que, junto a la operación inmanente del Padre, viene a constituirse como *espiración* amorosa y recíproca de ambos en la Persona del Espíritu Santo (espiración activa y pasiva). De donde, si Dios es Amor, es porque es Diálogo amoroso entre Personas distintas como tales (en una sola y única Esencia Divina). A partir de ese momento, todo verdadero diálogo, reflejo y participación al fin y al cabo —como todo lo creado— de las perfecciones de Dios, no puede ser sino amoroso.

---

[1]Cuatro son las relaciones reales existentes entre las Personas en el Seno de la Trinidad: la paternidad, la filiación, la espiración activa y la espiración pasiva. Solamente tres de ellas se encuentran en mutua oposición (relación de oposición) y son, por lo tanto, realmente distintas: la paternidad, la filiación y la espiración pasiva. La espiración activa solamente se opone a la espiración pasiva, pero no a la paternidad ni a la filiación, de las que se distingue, por lo tanto, con una mera distinción virtual. De ahí la Trinidad de Personas, las cuales son realmente distintas entre sí, aunque todas se identifican con la Única y Simplicísima Esencia Divina.

Según lo cual, todo diálogo es la expresión de una relación de amor. Para eso, y no para otra cosa, le concedió Dios al hombre el don de la palabra y de la comunicación. Si en el seno de la Trinidad, la Palabra ha respondido con el *Sí* absoluto que supone una perfecta *relación de amor* entre las Personas Divinas, toda otra palabra pronunciada a partir de ese momento, bien sea de Dios a sus creaturas, de éstas a Dios o de ellas entre sí, dejaría de tener sentido si no es para dar curso expresivo a una *relación amorosa*.

En realidad el lenguaje se desvirtúa cuando deja de ser un mero vehículo de expresión del amor. Atribuirle cualquier otro sentido supone una aberración, en cuanto que contraría el orden natural establecido por el plan de Dios, por el cual y para el cual creó a sus creaturas racionales. Toda palabra pronunciada fuera de ese contexto es vana: *Os digo que de toda palabra ociosa que hablen los hombres darán cuenta en el día del Juicio. Por lo tanto, por tus palabras serás justificado y por tus palabras serás condenado.*[2]

Dios no ha hablado jamás al hombre *sino para manifestarle su amor.* Y de ahí que sea su Palabra tan cálida, dulce y suave como perentoria, tal como así lo reconoce el verso:

---

[2]Mt 12: 36–37.

> *Es la voz del Esposo*
> *como la huidiza estela de una nave,*
> *como aire rumoroso,*
> *como susurro suave,*
> *como el vuelo nocturno de algún ave.*[3]

Y al mismo tiempo es cortante, aguda, eficaz y penetrante hasta lo más profundo del alma y del corazón. Pues no de otra forma es el amor, y más todavía cuando es el Amor Perfecto e Infinito Quien se entrega y habla: *La Palabra de Dios es viva y eficaz, más cortante que una espada de doble filo: penetra hasta la división del alma y del espíritu, de las articulaciones y de la médula, y descubre los sentimientos y pensamientos del corazón.*[4]

No podía ser de otro modo, desde el momento en que el amor se halla en el punto enteramente opuesto a la superficialidad, a la parcialidad o a la temporalidad; por lo que no entiende de relatividades ni de condiciones, sino solamente de la totalidad y de la eternidad que supone lo absoluto. Y así es como lo califica *El Cantar de los Cantares*, utilizando el medio de metáforas expresivas formuladas poéticamente, a la medida del entendimiento humano:

---

[3] *CFC*, n. 75.
[4] Heb 4:12.

Porque es fuerte el amor como la muerte
y son como el sepulcro duros los celos.
Son sus dardos saetas encendidas,
son llamas de Yavé.
No pueden aguas copiosas extinguirlo
ni arrastrarlo los ríos.[5]

Y como puede verse, nos encontramos en los antípodas de la forma como el Mundo entiende el Diálogo..., incluidos muchos teólogos y pastoralistas de la Iglesia. El *Diálogo Ecuménico*, como medio de unión entre las Iglesias, ¿reúne realmente las condiciones de un verdadero Diálogo...? Pues los diálogos no tienen como objeto llegar a un *punto neutro de encuentro*, sino que —muy al contrario— no pueden pretender otro fin que llegar *al centro o lugar mismo del verdadero amor*, como ya hemos visto. Por lo cual, todo parece indicar que sólo cuando los cristianos se encuentren dispuestos a cumplir con el Mandamiento Nuevo, promulgado por el mismo Jesucristo en la Noche de la Última Cena, mediante la profesión de un mutuo y recíproco amor, es cuando se alcanzará la meta deseada de la existencia de un solo Rebaño y un solo Pastor (Jn 10:16).

---

[5] Ca 8: 6–7.

Sucede, sin embargo, que el amor es un sentimiento tan tremendamente serio como para ser entendido aquí bajo el significado de auténtico y hasta de celoso: *El Señor tu Dios es fuego devorador y un Dios celoso.*[6]

Pero supone una inmensa desgracia que el hombre no acabe de comprender que Dios está más ansioso que él de oír la voz de su creatura, en forma de amorosa y afirmativa respuesta de amor. En realidad, ni Él mismo sabría cómo decirlo cuando se dirige a ella, obligado como está a expresarse bajo las pobres y limitadas formas del lenguaje humano:

> *Es la voz de la amada*
> *como un arrullo dulce de paloma,*
> *como un alba rosada*
> *que mil colores toma*
> *cuando el sol por los montes ya se asoma.*[7]

---

[6] De 4:24.

[7] *CFC*, n. 74.

X

El tiempo de amar.

Ya había advertido el Salmista que *el principio de toda sabiduría es el temor de Dios.*[1] Pero en el Plan primero de Dios respecto a sus relaciones con el hombre no entraba en absoluto la idea del temor. Porque el miedo, salvo que se trate de una simple reacción natural derivada del instinto de conservación, no es en la naturaleza humana sino una anomalía producto del pecado; el cual es, a su vez, la mayor de las aberraciones en que puede incurrir la creatura racional:

---

[1]Sal 111:10.

Llamó Yavé Dios al hombre diciendo: "Hombre, ¿dón-
de estás?" Y éste contestó: "Te he oído en el jardín, y
temeroso porque estaba desnudo, me escondí".[2]

Pero el amor y el temor son incompatibles, como ya
dijo el Apóstol San Juan. Y Dios siempre había deseado
mantener con el hombre las relaciones propias del perfecto
amor:

En el amor no hay temor, sino que el amor perfecto
echa fuera el temor; porque el temor supone castigo, y el
que teme no es perfecto en el amor.[3]

De ahí la necesidad de que, en el orden nuevo inau-
gurado por la Nueva Alianza, el diálogo del hombre con
Dios volviera a la normalidad que en el Plan primitivo su-
ponían sus mutuas relaciones. A decir verdad, incluso a un
estado de superación con respecto a la situación primera;
puesto que ahora, gracias a Jesucristo, el hombre puede
hablar con Dios de *tú a tú* o como entre iguales, desde el
momento en que Dios mismo se ha hecho Hombre. La enemistad se ha visto transformada para siempre en amor, y
el *Hombre Viejo* ha sido sustituido definitivamente por un
Hombre Nuevo (Ef 2:15) cuya *novedad* llega hasta más allá
del viejo Adán. Pues, como es sabido, Cristo es asimismo,

---

[2]Ge 3: 9–10.

[3]1 Jn 4:18.

desde el instante de la Encarnación, Señor del Tiempo y el Recapitulador de todas las cosas (Col 1: 15–20).

Y por eso la *novedad* que Él ha traído consigo supera al *estado original* del momento de la Creación, anterior al pecado. Y es tan original su *mandamiento nuevo* como para que sea dable pensar que, lejos de ser una vuelta a los comienzos, nunca hasta entonces había sido promulgado, ni conocido su rico y profundo contenido por los hombres, después de tantos milenios como contaba ya la Historia del Mundo.

La verdad es que apenas si se ha insistido en la *novedad* del mandamiento nuevo, habida cuenta de la tendencia a considerarlo más bien como una especie de confirmación del primero en el Decálogo. Sin embargo, el hecho de que Jesucristo lo haya designado como *nuevo*, induce a ver en él una verdadera *innovación* cuyo contenido transciende por completo lo exigido en el primer precepto. Por lo que bien puede decirse, por lo tanto, que Cristo, no solamente ha hecho confluir en su Persona el *tiempo pasado*, sino que también ha hecho actual el *tiempo futuro*, renovando a ambos.

Por eso ha podido decirse, mirando hacia atrás, con respecto al Tiempo ya transcurrido:

*Por tanto, si alguno está en Cristo, es una nueva cria-
tura: lo viejo pasó, ya ha llegado lo nuevo.*[4]

Y también, mirando hacia adelante, en cuanto a la sucesión de eones que abarca a la vez el presente y el futuro:

*El que estaba sentado en el trono dijo: "Mira, he aquí
que hago nuevas todas las cosas".*[5]

Que por eso fue proclamado a todo el Universo creado,
en solemne constancia:

Jesucristo es el mismo ayer y hoy y por los siglos.[6]

Pues el Amor no solamente existe como anterior a todo
Tiempo, sino que transciende hasta más allá del Tiempo.
Y al haber sido hecho el hombre partícipe del Amor Perfecto, gracias a Jesucristo, es claro que le ha sido otorgado
también un trasunto de la Eternidad.

Y así es como ha llegado de nuevo el tiempo de amar.
Y con él se han vuelto a escuchar los viejos cantos del
amor, cuyos ecos han resonado por montes y collados, para ser repetidos luego a través de bosques umbrosos y de
frondosos prados; hasta que llegaron al mar y se mezcla-
ron con el rumor de las olas. Pero no se trataba ahora de
un amor restablecido, sino de uno nuevo y más hermoso;
como sucede siempre con cada amanecer, y como las flores

---

[4]2 Cor 5:17.

[5]Ap 21:5.

[6]Heb 13:8.

de cada primavera se ofrecen a los sentidos con una nueva
y resplandeciente belleza, siempre mayor que la de aqué-
llas cuyo colorido y perfume alegraron a los hombres de
otras épocas que ya pasaron. Pues todo amor es siempre
nuevo:

> *Amado, en las brumosas*
> *laderas de montañas escarpadas,*
> *con cuevas de raposas*
> *y cimas plateadas*
> *en silencio de nieves olvidadas...*
>
> *Allí nos estaremos*
> *y los cantos de amor entonaremos.*[7]

De esta forma, la *novedad de ahora*, proporcionada por
Cristo, supera en mucho a la *novedad primera* ocurrida en
el momento de la Creación, después de que, como dijo el
Apóstol, donde había abundado el pecado, ahora sobre-
abunda la gracia (Ro 5:20). Así que el *mandamiento nuevo*, lejos de ser una vuelta a los comienzos, es tan original
como que nunca había sido promulgado, ni tampoco hasta
ahora había sido conocido en la amplitud de su contenido

---

[7] *CFC*, n. 72.

y en su verdadero significado: *Pues ya no importan ni la circuncisión ni la no circuncisión, sino la nueva creatura.*[8]

Y es que, por fin, ha llegado de nuevo el tiempo de amar, si bien ahora bajo la forma propia del *amor perfecto*, nunca antes conocida por la creatura, después de tantos milenios como ya cuenta la Historia del Mundo:

> *Pues ya la Noche el manto ha abandonado,*
> *y al alba sigue la rosada aurora,*
> *ansioso corro hasta el florido prado*
> *en impaciente busca del Amado,*
> *después de que sonó la dulce hora*
> *en que el tiempo de amar es ya llegado.*[9]

Y entonces la Voz de Dios ya no es vindicativa ni amenazadora de castigos, sino dulce y amorosa; y hasta humilde y suplicante al menos para los hombres que quieran oírla, tal como suele suceder con los requiebros de cualquier enamorado: *Mira que estoy a la puerta y llamo: si alguno escucha mi voz y abre la puerta, entraré en su casa y cenaré con él y él cenará conmigo.*[10]

---

[8] Ga 6:15.

[9] *CFC*, n. 85.

[10] Ap 3:20.

XI

Verdadero diálogo y silencio.

Incluso las gentes de buena voluntad que aman a Dios sinceramente tienden a pensar, con respecto a la oración, que Él se limita en ella a escuchar. La verdad, sin embargo, es que Dios ha querido establecer con el hombre relaciones de verdadero amor, por lo que el diálogo divino–humano se hace necesario en ellas como elemento insustituible. Y ahí es donde aparece la necesidad de la oración.

Acerca de la cual pocos cristianos caen en la cuenta de que no es un mero monólogo por su parte, en el que se exponen peticiones y se elevan acciones de gracias a la espera de que sean escuchadas. Lejos de eso, la oración es un verdadero diálogo e incluso mucho más todavía, pues la relación de amor se expresa en variadas formas que van más allá del simple intercambio de palabras. Como ya lo decía la esposa de *El Cantar de los Cantares*:

> *Reposa su izquierda bajo mi cabeza*
> *y con su diestra me abraza amoroso.*[1]

Pero después de la Ascensión del Señor a los Cielos, la forma ordinaria en que tiene lugar el diálogo divino–humano es por Jesucristo y en Jesucristo, a través del Espíritu: *Os he hablado de todo esto estando con vosotros; pero el Paráclito, el Espíritu Santo que el Padre enviará en mi nombre, Él os enseñará todo y os recordará todas las cosas que os he dicho.*[2]

En la historia de la Espiritualidad cristiana han sido muchos los que han pretendido mantener alguna forma de comunicación con el Espíritu, según una tendencia que se ha visto muy incrementada últimamente. En los tiempos modernos, han sido los *Movimientos carismáticos* y similares quienes han venido reclamando la realidad de tal asistencia con respecto a sí mismos. Una creencia que resulta imposible confirmar ni negar, pues desde que quedó cerrada la Revelación oficial, a la muerte del último

---

[1] Ca 2:6.
[2] Jn 14: 25–26.

Apóstol, solamente existe garantía de seguridad, en cuanto a las inspiraciones del Espíritu, *cuando el Magisterio de la Iglesia habla bajo la forma impositiva de la infalibilidad.*

Y dado que no es fácil atribuir autenticidad a la asistencia no oficial del Espíritu, además de la posibilidad real comprobada de engaños por obra del Demonio, los místicos y autores espirituales han elaborado una extensa y compleja doctrina acerca de la llamada *discreción o discernimiento de espíritus*, en un intento por distinguir las mociones del bueno o del mal espíritu. Pero sea como fuere, es evidente que el Espíritu de Dios posee una forma peculiar de dirigirse al hombre que, desgraciadamente, no siempre se tiene en cuenta; se trata sencillamente de *referencias* a considerar con respecto a sus comunicaciones, y cuya presencia o ausencia pueden conducir, siquiera de algún modo, a la adquisición de una *relativa* seguridad en lo que se refiere a juicios de autenticidad de las mismas.

Y así por ejemplo, el Espíritu es comedido y gusta de la discreción y del silencio. En cambio aborrece la publicidad, el boato, el ruido, o las referencias a su Persona cuando alguien, atrevidamente y sin más fundamento que su arrogancia, pretende autenticar con ellas sus propias acciones o doctrinas. Por lo general, cuando alguien proclama a los cuatro vientos que habla o actúa impulsado por el Espíritu, puede afirmarse casi con seguridad que está hablando de su propia cosecha. Los verdaderos mo-

vimientos del Espíritu suelen pasar desapercibidos, salvo
para aquéllos a quienes van dirigidos, puesto que van siempre acompañados de la humildad, de la modestia y de la
sencillez; cualidades todas ellas que nunca faltan en la auténtica santidad.

Cualquier hombre discreto desconfiaría de pretendidas
intervenciones del Espíritu realizadas con espectáculo. La
búsqueda del protagonismo, realizada siempre de modo
encubierto con pretensiones de santidad mal disimuladas,
es incompatible con los modos de proceder del Espíritu.
Quien tampoco parece estar dispuesto a prestarse a ser
invocado a voluntad, como si se tratara del genio de la
lámpara de Aladino: *Donde está el Espíritu del Señor, allí
está la libertad...*[3] Y en cuanto a los criterios utilizados
por Dios para repartir sus dones, y especialmente sus carismas, son para el ser humano tan incomprensibles como
desconocidos. Así fue como habló Dios al profeta Elías:

El ángel dijo:

—Sal y quédate en la montaña, delante del Señor.

*Entonces el Señor pasó y un viento fortísimo conmovió
la montaña y partió las rocas delante del Señor; pero el
Señor no estaba en el viento. Detrás del viento, un terremoto; pero el Señor no estaba en el terremoto. Detrás del
terremoto, un fuego; pero el Señor no estaba en el fuego.*

---

[3]2 Cor 3:17.

Detrás del fuego, un susurro de brisa suave. Cuando Elías
lo oyó, se cubrió el rostro con el manto, salió y se detuvo a
la puerta de la cueva. Entonces le llegó una voz que decía:
—¿Qué te trae aquí, Elías?[4]

La Voz de Dios no gusta del estruendo, de la publicidad
con aires de espectáculo o del batir de palmas. Hasta el
rumor del viento parece detenerse para escucharla:

> *Cuando el alba suave aún no es mañana*
> *y en el valle florido, entre los tejos,*
> *exhala sus fragancias la manzana*
> *y se arrulla la tórtola a lo lejos,*
> *Tú clamas por tu esposa, por tu hermana,*
> *con eco antiguo de cantares viejos...*
> *Y el viento hace una pausa en sus gemidos*
> *trayendo tu reclamo a mis oídos.*[5]

El moderno Catolicismo, excesivamente proclive a que
su voz cuente ante el Mundo, ha echado mano de un alu-
vión de medios publicitarios: proclamas, discursos, exhor-
taciones, arengas, alocuciones, conferencias, cursos..., y nuevos y modernos métodos para pastorear a las almas. Todos
los cuales pretenden ser vehículo de la Voz de Dios o un eco

---

[4] 1 Re 19: 11–13.
[5] *CFC*, n. 36.

de sus enseñanzas. Aunque su contenido es, por desgracia
y con más frecuencia de lo que parece, puro viento. Con lo
que cobra actualidad el antiguo oráculo de Elías: *no estaba
Yavé en el viento.* Pues suenan demasiado a menudo voces
huecas que inducen a la confusión más que a la confianza.
Mientras que, por el contrario, el Buen Pastor *va delante
de sus ovejas y las ovejas le siguen porque conocen su voz.
Pero a un extraño no le seguirán, sino que huirán de él
porque no conocen la voz de los extraños.*[6]

El Espíritu es el Amor de Dios y utiliza un lenguaje
apropiado que se expresa a su manera, tal como se aca-
ba de decir. Por eso suele transcurrir en el silencio de la
intimidad el diálogo de los verdaderos enamorados:

> *Siguiendo a los pastores*
> *busqué donde el Amado me esperaba*
> *oculto en los alcores.*
> *Y al tiempo que me hablaba*
> *el susurro del viento se escuchaba.*[7]

En la Iglesia —y sólo en la Iglesia— el Espíritu habla
a los hombres a través de la voz autorizada del auténtico
y legítimo Magisterio. Jamás ha fallado en sus Palabras y

---

[6] Jn 10: 4–5.
[7] *CFC*, n. 6.

jamás se ha contradicho a Sí mismo. Como ya se ha dicho, es Soberana Libertad (2 Cor 3:17), pues actúa donde quiere y sólo se siente obligado ante Sí mismo. De ahí que haya que suponer excesiva osadía en quienes pretenden conjurarlo a su capricho y ser canales receptivos de sus inspiraciones. Pues la realidad no funciona así, dado que *el Espíritu sopla donde quiere y oyes su voz, pero no sabes de dónde viene y adónde va.*[8]

Y en efecto, pues, ¿quién sabe de dónde viene el Amor y adónde conducirá...? Se puede oír su Voz, pero ¿quién puede pretender que ha llegado a percibir la insondable profundidad de su contenido? ¿Y quién jamás ha sido capaz de explicar lo que es el Amor hasta ese punto que exigen las ansias del corazón humano?

---

[8] Jn 3:8.

XII

Si de nuevo me vieres,
allá en el valle, donde canta el mirlo,
no digas que me quieres,
no muera yo al oírlo
si acaso tú volvieras a decirlo.[1]

Todo el mundo estará de acuerdo en que esta lira, la cual fue extraída de un contexto de carácter místico, sería igualmente aplicable al amor divino–humano o al puramente humano, aunque a diferente nivel. De todos modos conviene advertir acerca de la necesidad de examinar algunas precisiones previas, si es que se está dispuesto a admitir tal equiparación.

---

[1] *CFC*, n. 52.

Como cualquiera habrá notado en seguida, la lira en cuestión se refiere al amor en su forma más pura y elevada. Una difícil tarea para la que trata de utilizar la fuerza expresiva de la misteriosa locución *te amo*; la cual, aunque comprendida y usada por todo el mundo, jamás ha sabido nadie explicar cumplidamente su significado más profundo. Por supuesto que cualquiera que la pronuncia o la escucha entiende claramente lo que significa o pretende decir, por más que no posea la suficiente capacidad de profundizar en ella. De hecho, *nadie* hasta ahora ha sido capaz de penetrar en el misterio que encierra; y menos todavía de explicarlo de forma exhaustiva.

Sin embargo cabe decir, ante una seria consideración del tema, que no se tarda mucho en descubrir lo *extremadamente difícil* que resulta aplicarla al amor puramente humano. Salvo que se esté dispuesto a contentarse —como normalmente se hace— con no atribuirle más significado que el escaso que dan de sí ordinariamente las meras palabras. En el que, o bien se expresan sentimientos de pobre contenido, o bien todo queda reducido a una de las muchas formas que adopta el arte de mentir, aplicado a este caso.

Con lo que ya puede afirmarse que nos estamos acercando al fondo de la cuestión. Puesto que nos enfrentamos, aunque casi nadie quiera admitirlo, al más grave de los problemas que aquejan a la Humanidad actual; cual es el de la alarmante realidad de que los hombres *han per-dido de vista el concepto del Amor.* El cual ha quedado reducido, con demasiada frecuencia, o bien a lo que hoy se entiende como *sexo,* tal como millones de seres humanos lo consideran; o bien a un puro concepto que se limita a expresar sentimientos superficiales, carentes de contenido, que nada o muy poco tienen que ver con las notas de tota-lidad, incondicionalidad, fidelidad y perennidad, que son esenciales al concepto del amor.

A pesar de que incluso los cristianos apenas si se han dado cuenta del problema, es un hecho comprobado que, desde que comenzó la nueva andadura trazada por el Con-cilio Vaticano II, apenas si en la Iglesia se habla ya del amor. En lo referente al amor entre los hombres, el con-cepto ha sido sustituido por el de *solidaridad.* Y en cuanto al debido a Dios, casi ha quedado reducido al recuerdo de una especie extinguida, propia de tiempos pasados, por la que los cristianos pensaban amorosamente en Dios y se dirigían a Él confiados en su infinita Bondad.

Por otra parte, cuando la locución *te amo* se refiere a la relación amorosa puramente humana, se queda po-bre en cuanto a la expresión de su contenido y significa-do. Puesto que, a diferencia de lo que sucede en el amor divino–humano, aquí trata de manifestarse (incluso en el amor puro, elevado por la gracia) mediante ideas y vocablos que, aun siendo verdaderos y llenos de sinceridad, son incapaces de expresar cumplidamente la realidad a la que intentan referirse. Por eso utiliza la metáfora y demás recursos afines del lenguaje para dar vida a un conjunto de deseos que difícilmente logran pasar de tales. Expresiones como las de *vida mía, corazón mío, enteramente tuyo* y otras semejantes, incluso cuando no cabe poner en duda su sinceridad, no pasan de ser meros intentos y aspiraciones que jamás pueden llegar mucho más allá del conocido *quiero y no puedo.*

En la lira que estamos comentando, la persona enamorada le dice a la persona amada que no se dirija a ella utilizando la expresión *te amo,* o que no la repita al menos. Le avisa del riesgo que corre de morir al escucharla. A lo que no queda sino decir: pero, ¿acaso es tan fuerte el sentimiento que puede suscitar el amor...? Una respuesta segura tendría que distinguir: De forma negativa, si la referencia es con respecto al amor que ordinariamente suele ser conocido como tal; o de manera afirmativa, en el caso de tratarse del verdadero amor:

> *Que es fuerte el amor como la muerte*
> *y son como el sepulcro duros los celos.*
> *Son sus dardos saetas encendidas,*
> *son llamas de Yavé.*[2]

---

[2]Ca 8:6.

Tanto es así que la muerte cristiana no tiene sentido si no es por amor: *Pues ninguno de nosotros vive para sí, ni ninguno de nosotros muere para sí; pues si vivimos, para el Señor vivimos; y si morimos, para el Señor morimos.*[3] Si el cristiano no muere para sí, sino para el Señor, ¿de qué otra forma se puede decir que su muerte es muerte de amor? Y por eso decía el verso:

> *En la rosada aurora*
> *salí a buscar, del bosque en la espesura,*
> *a Aquél que me enamora,*
> *que me azara en rubor por su hermosura*
> *y que corra a su encuentro me apresura.*[4]

Y también, con las consecuencias ya dichas que es capaz de producir el verdadero amor:

> *En vacilante vuelo y derrotero,*
> *busca un ave, de amores malherida,*
> *al que fue de su vida el compañero,*
> *mas viendo su esperanza ya perdida,*
> *muerta quedó tendida en el sendero.*[5]

---

[3] Ro 14: 7–8.
[4] *CFC*, n. 89.
[5] *CFC*, n. 26.

XIII

Si de nuevo me vieres,
allá en el valle, donde canta el mirlo,
no digas que me quieres,
no muera yo al oírlo
si acaso tú volvieras a decirlo.[1]

Las formas de expresarse el amor humano, aun siendo sinceras y emanadas del corazón, apenas si logran sobrepasar el terreno del lenguaje figurado. Frases y locuciones que en ellas son normales y frecuentes, como *mi vida, mi corazón, todo y siempre tuyo, ser dos en una misma alma,* u otras semejantes, no llegan mucho más allá del puro simbolismo. El mismo acto amoroso que tiene lugar en la relación conyugal, por el que ambos esposos llegan a ser

---

[1] *CFC*, n. 52.

una sola carne, como dice la Biblia,[2] no pasa de ser un intento de *fusión de vidas y de posesión mutua* que nunca puede culminar en lo que desearía ser.

Pero en la relación de amor divino–humana las cosas suceden de modo diferente. Ahora ya no es cuestión de metáforas, sino de auténticas realidades. Y así es, a pesar de que la profundidad de su contenido todavía haya de permanecer durante esta vida en el más insondable misterio: *El que come mi carne y bebe mi sangre "permanece en mí y Yo en él". Igual que el Padre que me envió vive y Yo vivo por el Padre, así "aquél que me come vivirá por mí".*[3] Donde es de notar la equivalencia que Jesucristo establece entre su vida y la del Padre, de un lado, y la suya propia y la del que come su carne, de otro. Y también se dice en otro lugar: *Yo soy el pan vivo que ha bajado del cielo. Si alguno come de este pan vivirá eternamente; y el pan que Yo daré es mi carne para la vida del mundo.*[4] Igualmente, las ideas formuladas por San Pablo al respecto son tan profundas como expresivas y aun desconcertantes: *Yo vivo, pero ya no vivo yo, sino que es Cristo quien vive*

---

[2] Mt 19:6.

[3] Jn 6: 56–57.

[4] Jn 6:51.

en mí...[5] *Todos los que fuisteis bautizados en Cristo "os
habéis revestido de Cristo".*[6] Etc.

Y lo primero a destacar en estas expresiones es que se
fundamentan en *realidades* que nada tienen que ver con
la metáfora o el simbolismo. Lo que aquí encontramos es
una verdadera transfusión de vidas en la que, más que de
intercambio, habría que hablar de que cada uno *hace suya
la vida del otro*, aunque manteniendo su propia identidad.
Bien entendido que transfusión no significa aquí *fusión* o
transformación de dos personas, bien sea la de ambas en
una sola, o bien la de una en la otra. Otra cosa no pasaría
de ser una aberrante creencia que conduciría directamente
al panteísmo.

Mientras que en la relación amorosa divino–humana,
cada una de las partes conserva intactas su propia persona
y su peculiar identidad. Pues, como es sabido, si acaso no
hubiera perfecta distinción entre las personas, tampoco
sería posible la *relación* de amor. El discípulo de Jesucristo
hace *suya* la vida de su Maestro, pero sin dejar de ser él
mismo, al mismo tiempo que la suya propia, que es como
decir toda su existencia, pasa a ser cosa y propiedad de
Jesucristo.

---

[5] Ga 2:20.

[6] Ga 3:27.

Cuando la esposa de *El Cantar de los Cantares* dice, refiriéndose al Esposo, que *mi Amado es para mí y yo soy para Él*,[7] o que *yo soy para mi Amado y a mí tienden todos sus anhelos*,[8] utiliza un lenguaje poético como parte que es de un Poema, aunque no por eso deja de responder a la realidad.

Lo lamentable de este asunto consiste en que la mayoría de los creyentes tienden a reducir la existencia cristiana al cumplimiento de los mandamientos, en el mejor de los casos. Sin embargo, dentro del contexto de la Espiritualidad cristiana, expresiones como *revestirse de Cristo, vivir la vida de Cristo*, o tal como se dice del ministerio sacerdotal, *ser otro Cristo*, son características de un lenguaje acorde con la realidad. Quien llega a comprenderlo así, hace suya la vida de Jesucristo, en cuanto que vive el mismo amor de su Maestro y participa de sus pensamientos y sentimientos, incorporándolos como propios a su misma existencia: *Porque ¿quién conoció la mente del Señor para poder enseñarle? Pero nosotros tenemos el pensamiento de Cristo*.[9]

En realidad, lo que significa *hacer propia* la vida de la persona amada (y no en lenguaje simbólico) depende de

---

[7]Ca 2:16.

[8]Ca 7:11.

[9]1 Cor 2:16.

la transcendencia que se reconozca a tal persona y a tal amor. Sin embargo, ¿qué puede suceder cuando la Persona amada es Jesucristo...? O viceversa, ¿qué hay cuando alguien es objeto directo y de manera íntima del amor divino...? Por supuesto que quienes reducen el amor al sexo, o para los que no significa otra cosa que un sentimiento meramente superficial o pasajero, o incluso para los que no han conocido más que el amor puramente humano (por más que dignificado y elevado)..., nada pueden saber acerca de los efectos del amor divino–humano. Jesús se refería a la transcendencia del Espíritu Santo en el corazón del hombre para decir de Él que *el mundo no puede recibirlo, porque no lo ve ni lo conoce.*[10]

Según lo cual, la más misteriosa y entrañable de todas las locuciones conocidas por la raza humana, cual es la de *te amo*, y que ya en el mero amor humano es capaz de hacer vibrar de emoción a cualquier corazón de carne, adquiere todavía un peculiar significado en el amor divino–humano, cuyo más profundo contenido y efectos se pierden en el abismo insondable del Corazón de Dios.

Pero entonces, ¿qué significa exactamente la expresión *te amo*...? ¿Y qué efectos es capaz de producir en el corazón de una creatura cuando la Persona amada a quien va

---

[10] Jn 14:17.

dirigida es Jesús, o cuando, en reciprocidad, es la misma creatura quien la escucha de Aquél que además ha dado su vida por ella? ¿O simplemente cuando la creatura la escucha sabiendo que *se trata de Él*, sin que sea posible ni necesario especificar más? ¿Alguien sería capaz de entender en profundidad lo que significa esa muerte de amor a la que alude el verso...?

> *No muera yo al oírlo*
> *si acaso tú volvieras a decirlo.*

De todas maneras, el *te amo* dirigido por la esposa al Esposo Divino, no será pronunciado ni escuchado por ella con toda claridad y en toda la profundidad de su misterioso significado hasta la llegada a la Patria. Sólo entonces se verá colmado el amor en toda su plenitud y el corazón humano se sentirá por fin satisfecho. Y al final solamente quedará lo que conforme al amor se haya vivido, pues sólo eso será lo que cuente mientras que todo lo demás no valdrá nada.

Que por eso decía San Juan de la Cruz que hacia la caída de la tarde de nuestra vida seremos examinados del amor. De ese modo, un alma enamorada de Dios, itinerante todavía en el Valle de Lágrimas, podría haberlo dicho también así, incluso a falta del estro poético del Santo:

> *La dulce voz que mi destino guía*
> *por ásperos caminos me conduce,*
> *hasta que al fin se desvanece el día*
> *cuando la estrella de la tarde luce.*[11]

---

[11] *CFC*, n. 111.

XIV

...no digas que me quieres,
no muera yo al oírlo
si acaso tú volvieras a decirlo.[1]

¿Es posible que una declaración de amor produzca tan fuerte impacto en quien la escucha como para hacerle sentir que desfallece? Una respuesta prudente diría seguramente que todo depende del significado y de la fuerza que se atribuya al vocablo *desfallecer*.

De todos modos, por lo que hace al (verdadero) amor puramente humano, expresiones como la de *morir de amor, por ti muero, vida mía,* u otras semejantes, aun pronunciadas con sinceridad y profunda emotividad, no pasan de ser metafóricas. Amantes como los de la leyenda shakesperiana de *Romeo y Julieta* no mueren de amor, sino *a causa*

---

[1] *CFC*, n. 52.

del amor, y mediante procedimientos que nada tienen que ver con el sentimiento amoroso.

En el amor divino–humano, sin embargo, las cosas son más complicadas. Las expresiones que contemplan en una misma línea el amor y la muerte tienen aquí un sentido más fuerte que en el amor puramente humano, y además *poco tienen que ver con la simple metáfora*. Su significado está más bien vinculado a la *realidad*, aunque tampoco pueda ser equiparado a la muerte física o corporal, de la cual claramente se distingue. Locuciones como la famosa *que muero porque no muero* de Santa Teresa, u otra en la que San Pablo asegura que *yo muero cada día por la gloria que sois vosotros para mí*,[2] entre otras muchas del Nuevo Testamento, son una muestra de esos dos diferentes significados. La Espiritualidad mística gira en torno a la idea de la muerte de amor por (en) Jesucristo. Como puede verse, por ejemplo, en los versos de San Juan de la Cruz:

> *Pastores los que fuéredes*
> *allá por las majadas al otero,*
> *si por ventura viéredes*
> *Aquél que yo más quiero,*
> *decidle que adolezco, peno y muero.*[3]

---

[2] 1 Cor 15:31.

[3] *Cántico Espiritual.*

O en los de la poesía mística popular:

> *En la rosada aurora*
> *salí a buscar, del bosque en la espesura,*
> *a Aquél que me enamora,*
> *que me azara en rubor por su hermosura*
> *y que corra a su encuentro me apresura.*[4]

El lenguaje de *El Cantar de los Cantares* intenta expresar estas realidades de modo inteligible para el hombre. Las metáforas que utiliza el Poema sagrado, más allá del mero simbolismo, apuntan a un misterio cuya profundidad no es capaz de ser percibida por la creatura; aunque a veces produzcan la impresión de que se refieren a la idea de la *muerte* tal como es concebida por el ser humano:

> *Que es fuerte el amor como la muerte*
> *y son como el sepulcro duros los celos.*
> *Son sus dardos saetas encendidas*
> *son llamas de Yavé.*[5]

En el contenido del Libro sagrado, es la misma la esposa la que confiesa alguna vez que, llevada de su amor al Esposo, se encuentra a punto de desfallecer:

---

[4] *CFC*, n. 89.
[5] Ca 8:6.

> *Confortadme con pasas,*
> *recreadme con manzanas,*
> *que desfallezco de amor.*[6]

Claro que el vocablo *desfallecer* no significa todavía
morir, y más bien tiene que ver con un fuerte sentimiento
de agotamiento o cansancio que deja al hombre como fuera
de sí mismo.

De todos modos, la doctrina mística no vacila en utilizar en este punto el concepto de *muerte*, en referencia al
efecto causado en el ser humano por la *dolencia de amor*:

> *Descubre tu presencia,*
> *y máteme tu vista y hermosura,*
> *mira que la dolencia,*
> *de amor que no se cura*
> *sino con la presencia y la figura.*[7]

Y lo mismo puede decirse, más concretamente, de la
poesía mística en general o de la del mero amor profano,
si bien es en la primera donde adquiere su sentido más
propio:

---

[6]Ca 2:5.

[7]San Juan de la Cruz, *Cántico Espiritual.*

¡Si al recorrer el valle yo pudiera
en el bosque de abetos encontrarte,
hasta que al fin de nuevo al contemplarte
muerte de amor contigo compartiera...![8]

Pero si se admite que la idea de la *muerte de amor* solamente obtiene su significado más peculiar dentro de la doctrina mística, ¿cómo pueden equipararse dos conceptos tan opuestos como son los de la *muerte* y el del *amor*? Si el amor se identifica con la vida, y el Amor Infinito, que es Dios, es Vida Infinita, no parece posible armonizar dos realidades tan radicalmente distintas como las del amor y la muerte.

Pero el problema se plantea a causa del uso incorrecto, o al menos inadecuado, de los conceptos. Hasta los mismos cristianos suelen olvidar que la muerte de los discípulos de Jesucristo no tiene nada que ver con la muerte pagana —*Es preciosa ante los ojos del Señor la muerte de sus santos*—.[9] Pues, así como la segunda es un acabamiento, la primera en cambio es un principio.

De ahí la inconveniencia de aplicar el concepto *muerte* al momento del tránsito final del cristiano. El Apóstol San Juan reconocía la incompatibilidad de ambas cosas

---

[8] *CFC*, n. 27.

cuando decía que la ausencia de amor se identifica con la muerte: *Quien no ama, permanece en la muerte.*[10] Por eso la primitiva cristiandad llamaba *dormición* a la muerte de los fieles. Una denominación correcta aunque no precisamente la más afortunada, puesto que suscita las ideas de descanso, de reposo y de pasividad; cuando, en realidad, la llegada a la Patria y la entrada en posesión del amor perfecto suponen un acto de suprema vitalidad.

En realidad, los mismos Apóstoles emplean el término *dormición* (1 Cor 15: 6.18; 1 Te 4: 14–15; 2 Pe 3:4), a pesar de lo que significa para la creatura el acto de amar. Su uso en el lenguaje de los primeros cristianos para referirse a la muerte de los fieles se justifica, sin embargo, si se tiene en cuenta la práctica imposibilidad de encontrar otro.[11]

Cabe preguntar entonces por el exacto significado del concepto de *muerte de amor*, y hasta qué punto y de qué manera es lícito emplearlo. Utilizado como término equívoco, puede comprenderse la oportunidad de utilizar el concepto *muerte* aplicado a los efectos que causa el amor,

---

[10] 1 Jn 3:14. Del texto se desprende indirectamente que, para el Apóstol Evangelista, el amor se identifica con la vida.

[11] Se trata de realidades comprendidas dentro el misterio de la existencia cristiana y que transcienden a todo lo naturalmente conocido por la creatura, y de ahí la imposibilidad de encontrar para ellas denominaciones razonablemente adecuadas.

puesto que, al fin y al cabo, se trata de *perder la vida* para entregarla a la persona amada.[12] Sólo que aquí, lejos de lo que corrientemente se entiende por muerte corporal (con la consiguiente pérdida de la vida física o natural), lo que realmente adviene al fiel de Jesucristo es una situación que lo coloca en el punto opuesto; puesto que ahora estamos ante un exceso o sobreabundancia de vida, proporcionada precisamente por el amor, en el que se hacen al fin entera realidad las palabras de Jesucristo: *He venido para que tengan vida y la tengan en abundancia.*[13]

Tal exceso de vida, producido por una superfluencia de amor, frutos directos ambos de la acción del Espíritu Santo (Ga 5:22), originan a su vez una situación de gozo, aunque en tal abundancia como para causar en el alma el sentimiento de un auténtico *desfallecimiento*, que incluso sería capaz de robar la vida de no ser ésta convenientemente sostenida por Dios. Por eso los versos de San Juan de la Cruz:

---

[12]Las expresiones *perder la vida*, o de *darla o entregarla por amor*, son frecuentes en el Nuevo Testamento (Mt 10:39; 16:25; 20:28; Mc 8:35; Lc 9:24; 17:33; Ga 1:4; 1 Tim 2:6; Tit 2:14; etc.).

[13]Jn 10:10.

> *¡Oh cauterio suave!*
> *¡Oh regalada llaga!*
> *¡Oh mano blanda! ¡Oh toque delicado*
> *que a vida eterna sabe*
> *y toda deuda paga;*
> *matando, muerte en vida la has trocado!*[14]

El misterio se abre a cierta comprensión si se considera que el fiel de Jesucristo ya no puede ser víctima de la muerte. Puesto que, muy al contrario, es él quien se hace dueño y señor de ella: *Todas las cosas son vuestras: ya sea Pablo, Apolo o Cefas; ya sea el mundo, la vida o la muerte; ya sea lo presente o lo futuro; todas las cosas son vuestras.*[15] Que por eso decía la rima:

> *Si vivir es amar y ser amado,*
> *sólo anhelo vivir enamorado;*
> *si la muerte es de amor ardiente fuego*
> *que abrasa el corazón, muera yo luego.*[16]

Todo este modo de hablar posee un sentido místico propio de los grados más elevados del amor divino–humano, como algo imposible de parangonar con el puramente hu-

---

[14]San Juan de la Cruz, *Llama de Amor Viva.*

[15]1 Cor 3: 21–22.

[16]*CFC*, n. 90.

mano. Que no es sino la expresión en forma poética, aunque *absolutamente real*, del amor divino–humano tal como se desprende de la Biblia y especialmente del Mensaje de la Nueva Alianza.

¿En qué consiste entonces el misterioso poder de una declaración de verdadero amor? ¿Cuál es el profundo y cautivador contenido de la expresión *te amo*?

Una introducción al tema comenzaría por reconocer que estamos en el umbral del más profundo de todos los misterios, puesto que el Amor, en último término, se identifica con Dios. Con todo, podemos admitir que quien expresa su amor de esa manera a la persona amada es porque desearía *ser un todo* con ella. Tal es la fuerza de atracción de quien es contemplado como el compendio de toda belleza y la fuente de toda bondad; que así se explica lo que decían los Antiguos acerca de que el amor es una *fuerza unitiva*. Sin perder nunca de vista, sin embargo, que estamos hablando de fusión de *vidas* y no de *personas*; puesto que éstas han de conservar en todo momento su peculiar e irrenunciable naturaleza, que es lo que autoriza a decir que en el amor *cada uno es cada uno*.

Esta *fusión de vidas*, por lo que se refiere al amor meramente humano por muy puro y elevado que sea, no pasa de ser un deseo que no llega mucho más allá de una identidad de sentimientos. A pesar del dicho bíblico según el cual *serán dos en una sola carne* (Ge 2:24; Mt 19:5), además de la comparación que establece San Pablo entre el amor conyugal y la entrega de Cristo a su Iglesia (Ef 5:32). El legítimo amor conyugal es un verdadero y elevado amor que se sitúa incluso entre lo más sublime que le puede suceder al hombre durante su vida terrena. En realidad, el puesto de *inferioridad* que recibe en cuanto a catalogación no se fundamenta en lo que es en sí mismo, sino en su comparación con el amor divino–humano y, sobre todo, con el divino. De modo que la unión por la que los cónyuges se hacen *una sola carne* queda reducida a lo que podríamos calificar, en una escala de graduación y en el lenguaje que hemos convenido en utilizar para el caso, como de *amor analogado en segundo grado.*

En cuanto al amor divino–humano (*analogado primero*, con respecto al puro Amor divino), que efectivamente contempla una *real* fusión de vidas, la Biblia lo expresa mediante locuciones y giros que necesariamente han de adaptarse a las limitaciones del lenguaje humano: *El que come mi carne y bebe mi sangre permanece en mí y Yo en él,*[17] que la versión inglesa de la *Biblia de Jerusalén* (Doubleday), por ejemplo, traduce como que *vive en mí y Yo en él...* O como también decía San Pablo: *Vivo yo, pero ya no vivo yo, sino que es Cristo quien vive en mí.*[18]

---

[17] Jn 6:56.

[18] Ga 2:20.

XV

...no digas que me quieres,
no muera yo al oírlo
si acaso tú volvieras a decirlo.[1]

Siendo la Sagrada Escritura como el Código de la relación amorosa divino–humana, es de notar que la expresión *te amo* no aparece en ella. Solamente puede leerse en el diálogo de Jesucristo con San Pedro, en el momento de la institución del Primado, aunque expresada a modo de interrogación: *¿Me amas?*, o bien, *¿Me amas más que éstos?*[2] San Pedro, por su parte, responde afirmativamente, pero anteponiendo a modo de paliativo, como si sintiera cierto temeroso respeto ante el contenido y la profundidad

---

[1] *CFC*, n. 52.
[2] Jn 21: 15 y ss.

de la expresión, las palabras previas *Señor, tú lo sabes,* o también, *tú lo sabes todo.*

Ni siquiera *El Cantar de los Cantares,* abundante en mutuos piropos y requiebros cruzados entre el Esposo y la esposa, contiene la expresión *te amo.* Tanto el Esposo como la esposa proclaman abiertamente ante todos el amor que mutuamente se profesan, sin olvidar alabar las muchas virtudes y gracias que cada uno de ellos reconoce en el otro. Pero en ningún momento aparece en el Libro Sagrado la confesión *te amo,* o al menos alguna equivalente.

Cabría preguntar entonces acerca de la razón de tan curiosa omisión, y más aún cuando se trata de libros que contienen las Crónicas de un amor tan perfecto como es el divino–humano. Aunque, para responder a lo cual, sería necesario conocer los misterios más recónditos del amor y además, lo que es aún más difícil, ser capaz de expresarlos.

Hay que tener en cuenta, sin embargo, que el objeto de los libros consiste en narrar hechos —verdaderos o novelescos— o exponer doctrinas o resultados fruto de la especulación racional. Pero, en cuanto al misterio del verdadero amor, incluida la relación amorosa divino–humana, es cosa imposible de ser comunicada o transmitida a otros.

El *te amo* íntimo, tal como es expresado en el amor divino–humano, queda oculto en el misterio del *tú a tú* llevado a cabo entre Dios y el hombre. El dicho de San Pablo, según el cual *ni ojo vio, ni oído oyó, ni pasó por el corazón del hombre las cosas que preparó Dios para los que le aman*,[3] no hay necesidad de referirlo exclusivamente a la Vida Eterna, puesto que no existe razón que justifique tal restricción de su significado. Se olvida fácilmente que toda auténtica relación de amor, y más especialmente la divino–humana, queda velada para siempre en el recóndito y exclusivo *tú y yo* de ambos amantes, como incluso parece indicarlo también el Apocalipsis: *El que tenga oídos, oiga lo que el Espíritu dice a las Iglesias. Al vencedor le daré del maná escondido; le daré también una piedrecita blanca, y escrito en la piedrecita un nombre nuevo, que nadie conoce sino el que lo recibe.*[4]

Sin embargo, el amor posee un medio de expresarse que puede igualar, y hasta superar, a la locución *te amo* y que se sitúa en un punto opuesto en cuanto que utiliza, como por paradoja, precisamente *el silencio.* Y nos referimos a la *mirada silenciosa*, capaz de insinuar sentimientos más profundos de los que pueden contener las palabras.

Aunque en esta ocasión sí que nos ofrece el Evangelio dos claras ocasiones en las que se utiliza este modo de ex-

---

[3] 1 Cor 2:9.
[4] Ap 2:17.

presión del amor. Una de ellas sucede en el momento en
que San Pedro, después de haber negado a su Maestro por
tres veces, se encuentra con Él y se cruzan las miradas de
ambos. Jesús, sin pronunciar palabra alguna en ese instante, transmite a su apóstol a través de su mirada todo
cuanto puede decir en silencio un corazón *aún más rebosante de amor que antes.* Tal como lo cuenta San Lucas
en su historia de la Pasión: *Y al instante, cuando todavía
estaba hablando, cantó el gallo. El Señor se volvió y miró a
Pedro. Y recordó Pedro las palabras que el Señor le había
dicho: "Antes que el gallo cante hoy, me habrás negado tres
veces". Y salió afuera y lloró amargamente.*[5] En realidad,
de no ser por el amor, nadie habría podido pensar que el
silencio fuera capaz de ser más expresivo que las palabras.

La otra ocasión que narra el Evangelio se refiere al su-
ceso del joven rico. El cual, habiendo reconocido ante Jesús
que cumplía los mandamientos, oyó de boca del Maestro
que aún le faltaba algo: *Y Jesús, fijando en él su mirada, le amó y le dijo...*[6] Imposible imaginar en profundidad
el contenido de esa mirada de Jesús y, menos todavía, el
misterio (inherente a la libertad humana) de cómo pudo
aquél joven endurecer su corazón y resistirse a ella.

---

[5]Lc 22: 61–62.
[6]Mc 10:21.

También *El Cantar de los Cantares* se hace eco de esta manera de expresarse el amor para hablar de aquello acerca de lo cual las palabras se reconocen incapaces:

> *Prendiste mi corazón, hermana mía, esposa,*
> *prendiste mi corazón en una de tus miradas,*
> *en una de las perlas de tu collar.*[7]

Momento sagrado en el que hasta la Naturaleza parece colaborar con su silencio. Pues ante la expresión del verdadero amor, y ninguno lo es tanto como el divino–humano, el Universo no puede menos que callar:

> *Siguiendo a los pastores*
> *busqué donde el Amado me esperaba*
> *oculto en los alcores.*
> *Y al tiempo que me hablaba*
> *el susurro del viento se escuchaba.*[8]

Y fue precisamente durante un silencio, el más profundo de todos los que la Historia haya conocido jamás, cuando tuvo lugar el inefable misterio de la Encarnación

---

[7]Ca 4:9.

[8]*CFC*, n. 6.

del Hijo de Dios. Pues así lo anuncia el sagrado Libro de la Sabiduría: *Cuando un profundo silencio lo envolvía todo, estando la noche a la mitad de su camino, tu Palabra omnipotente, Señor, descendió de los cielos, desde su trono real.*[9]

[9]Sab 18: 14–15.

XVI

El Maestro está aquí y te llama...

Con estas palabras comunicó Marta a su hermana María, hablándole en un aparte, la llegada del Maestro y su requerimiento para que acudiera a su encuentro.[1]

No existe voz alguna en el mundo que pueda colmar las ansias y aspiraciones del corazón humano del modo como es capaz de hacerlo la de Dios. Bien podría decirse que los oídos y el corazón del hombre fueron hechos singularmente para escuchar esa Voz y, por supuesto, para dejarse seducir exclusivamente por ella.

Según explicaba el mismo Jesucristo, el Buen Pastor *llama a sus ovejas por su nombre... y ellas le siguen, por-*

---

[1] Jn 11:28.

que conocen su voz.[2] Una voz amorosa que llama por su nombre a cada una, mientras que ellas, a su vez, la reconocen. Pues, siendo el amor una relación personal de *tú a tú* de entrañable intimidad (como que no existe una relación personal de intimidad mayor), supone un trato profundo y un conocimiento mutuo entre los que se aman. De ahí el testimonio del profeta Isaías: *Yo soy el Señor, el que te ha llamado por tu nombre,*[3] donde la especificación del nombre indica que la llamada es íntima y personal, que es lo mismo que decir amorosa. Por lo que bien puede colegirse que toda relación que Dios entabla con el hombre es necesariamente amorosa, según una situación de intimidad que deja bien patente que cada hombre es para Él *un ser personal y único.*

Por otra parte, si cualquier *llamada* siempre espera, por definición, una *respuesta,* se sigue que es un contrasentido suponer, como hace la teoría del *cristianismo anónimo,* que el ofrecimiento amoroso por el que Dios interpela al hombre para la salvación es exclusivamente unilateral, sin necesidad de que sea libremente aceptado por la creatura y ni siquiera conocido por ella. Y sin embargo, según

---

[2]Jn 10: 3–4.
[3]Is 45:3.

la totalidad de la doctrina del amor, dar por hecha tal cosa equivaldría a dar por buena la cuadratura del círculo.

Marta trasmite a su hermana María, precisamente *en un aparte*, el requerimiento del Señor para que vaya a su encuentro. Pues la relación de amor entre quienes se aman, y aun todo lo relacionado con ella, no gusta de la publicidad ni de ser aireado ante las gentes. Y así es como una vez más aparecen el *tú a tú*, la intimidad personal y la entrañable búsqueda de la soledad por quienes se aman. Que es lo que siempre han procurado los verdaderos amadores:

> *Vayamos a los prados,*
> *y a la rosada aurora esperaremos*
> *de todos olvidados.*
> *Y allí nos quedaremos*
> *y el despertar del campo escucharemos.*[4]

Por desgracia, el católico de la *Nueva Iglesia*, agraciado con el *Nuevo Pentecostés*, ha perdido de vista la trascendentalidad de la relación amorosa con un Dios Personal que es todo Amor. Lo que no podía suceder de otro modo después de haber puesto en sí mismo el objeto principal de su atención y dejado de mirar al *Otro*, que en este caso

---

[4] *CFC*, n. 106.

es Dios; con lo que ha quedado anulada toda posibilidad de relación amorosa con Él.

Así es como ha quedado el ser humano sumido en la más horrenda soledad. Pues allí donde no existe el vínculo del *tú a tú*, ni la intimidad surgida entre dos que mutuamente se entregan, se hace imposible el amor. Y con ello, cualquier intento de conocer a Dios por el único camino que es posible hacerlo, que es precisamente el del amor: *El que no ama, no conoce a Dios, pues Dios es Amor.*[5] Con la agravante, por si aún fuera poco, de que quien no es capaz de relacionarse y conversar con Dios, se incapacita también para cualquier diálogo con sus semejantes que pretenda ser algo más que un mero juego de palabras.

Y como siempre hemos dicho, el amor solamente se vive en plenitud y en su estado más puro en la relación amorosa divino–humana, sin dejar de reconocer a la relación puramente humana la grandeza que realmente le corresponde. Pero es en la primera de ellas donde el amor tiende a alcanzar la plenitud de significado. Pues la Voz de Dios está dotada de tal claridad y profundidad de expresión que la voz humana queda reducida ante ella a un disminuido modo de comunicación, capaz solamente de decir *algo* de lo que desearía expresar pero sin lograr llegar más allá. En

---

[5] 1 Jn 4:8.

el amor divino–humano, en cambio, quedan ya muy atrás las metáforas y modos semejantes de expresión, donde los dichos que se pronuncian son realidades que expresan *todo* el contenido del que rebosa el corazón.

Es allí donde hasta el silencio es sobremanera expresivo, capaz de hablar sin palabras, pero diciendo lo que siente y todo aquello que el lenguaje puramente humano jamás hubiera podido comunicar:

> *Allí, junto al Amado*
> *mientras soplaba el cierzo en el ejido,*
> *a fuer de enamorado*
> *me susurró al oído*
> *que también por mi amor estaba herido.*[6]

> *Mi Amado, las estrellas,*
> *el mar que besan proas de mil naves,*
> *los ojos de doncellas,*
> *el canto de las aves,*
> *aquello que te dije y que tú sabes...*[7]

Con todo, la Voz del Esposo se hace en ocasiones movediza y huidiza, difícil de reconocer y complicada de localizar. Para comprender lo cual basta con recordar, una

---

[6] *CFC*, n. 55.
[7] *CFC*, n. 67.

vez más, lo que ya se sabe: que el discípulo de Jesucristo se encuentra todavía en situación de *caminante* que aún no ha llegado a la Patria. Como los amantes que practican el juego de esconderse para buscarse, en una especie de *a ver si te encuentro* y cuyo objeto no es otro que el de aquilatar más un amor que ya se sabe que es puro y auténtico. Es también un esparcimiento de amor que el Esposo gusta de practicar, mientras dura para la esposa el período de prueba, o el mismo que sirve para purificar e incrementar el delicado afecto que ella asegura que le profesa:

> *¡La voz de mi amado! Vedle que llega,*
> *saltando por los montes,*
> *triscando por los collados.*
> *Es mi amado como la gacela o el cervatillo.*
> *Vedle que está ya detrás de nuestros muros,*
> *mirando por las ventanas,*
> *atisbando por entre las celosías.*[8]

Y en efecto: saltando por los montes y triscando por los collados, como la gacela o el cervatillo. Pues así se comporta el Esposo durante el período de prueba que ha de superar la esposa: huidizo, esquivo, inasible, difícil, imprevisible y sorpresivo.

---

[8]Ca 2: 8–9.

Aunque se equivocaría de lleno quien pretendiera ver en este modo de conducirse el Esposo una intención meramente práctica o pedagógica. Pues es la verdad que, más allá de todo eso, tal forma de proceder posee también un *matiz lúdico.* Pues lo que está fuera de duda, aunque nadie hasta ahora haya sido capaz de explicarlo suficientemente, es que los amantes gustan del juego en sus relaciones íntimas: como uno más de los infinitos aspectos que todavía permanecen desconocidos en el misterioso universo del amor: *El Espíritu sopla donde quiere, y oyes su voz, pero no sabes de dónde viene ni adónde va.*[9] ¿Acaso sabría alguien decir de dónde viene y hasta dónde es capaz de conducir el amor...?

Lo curioso es que la esposa, que comprende a la perfección el espíritu de juego que el Esposo pretende practicar en su relación amorosa, lo secunda a su vez en total complacencia, *aunque jamás sería capaz de explicar el porqué de tal mutuo comportamiento,* puesto que también en eso consiste el juego de la relación amorosa. Pero ya hemos dicho repetidas veces que en el amor todo es recíproco y compartido. De ahí que si el Esposo juega, ella también se divierte; si el Esposo gusta de hacerse el perdidizo, también ella gusta de esconderse; si el Esposo prefiere parecer

---

[9] Jn 3:8.

a veces como que se hace esperar, también ella en ocasiones siente placer en fingir una demora... Por eso dice el Esposo:

> *Amada, yo he buscado*
> *de mi huerto de azahares el sendero,*
> *y luego te he esperado*
> *detrás del limonero*
> *a ver si te encontraba yo primero.*[10]

A lo que responde la esposa:

> *Amado, he recorrido*
> *de tu huerto de azahares el sendero,*
> *y luego me he escondido*
> *detrás del limonero*
> *para poder besarte yo primero.*[11]

---

[10] *CFC*, n. 46.

[11] *CFC*, n. 45.

XVII

De noche se marchó hacia la montaña,
de noche se perdió por el sendero,
de noche me dejó por tierra extraña,
de noche me encontré sin compañero.[1]

Jesús ascendió a los Cielos ante la mirada de sus Apóstoles y discípulos, enteramente absortos y paralizados por la emoción del momento. Habían permanecido mirando hacia lo alto en profundo silencio, inundados por la tristeza y sin saber qué hacer ni qué decir, hasta que dos ángeles los sacaron de su ensimismamiento:

—*Varones de Galilea, ¿qué hacéis ahí, mirando al Cielo?*[2]

---

[1] *CFC*, n. 23.
[2] Hech 1:11.

La amonestación era oportuna. Estaban paralizados ante el hecho de que, por primera vez en su vida, se sentían inundados por el sentimiento de la verdadera soledad. Fue el instante más doloroso que jamás hubieran esperado, enfrentados a la realidad de que *se quedaban sin el Maestro.*

Estableciendo un cierto paralelismo, pudo haber sido la ocasión para recordar el momento en que el profeta Elías se separó definitivamente de su discípulo Eliseo, omitiendo la desesperación de este último y subrayando en cambio el silencioso y apasionado dolor por parte de los Apóstoles:

Iban andando y hablando cuando un carro de fuego se interpuso entre ambos y Elías fue arrebatado a los cielos en un torbellino. Eliseo lo veía y gritaba:

—¡Padre mío, padre mío, carro y auriga de Israel!

Y ya no lo vio más. Entonces cogió sus vestiduras y las rasgó en dos pedazos.[3]

Es verdad que habían mediado previamente, por parte del Maestro, importantes promesas de consolación: *Pero os digo la verdad: os conviene que Yo me vaya, porque si no me voy, el Paráclito no vendrá a vosotros;*[4] y hasta rebosantes de esperanza: *Os volveré a ver y se alegrará*

---

[3]2 Re 2: 11–12.

[4]Jn 16:7.

vuestro corazón, y nadie os quitará vuestra alegría.[5] Sin embargo, es bien sabido que las palabras de consolación sirven solamente para ayudar a levantar el ánimo y aliviar la tristeza, sin que puedan hacer nada más. Pues mitigar el dolor que produce un sentimiento de amargura supone dar por seguro que siempre ha de quedar un remanente de tristeza, el cual se convierte en dolor profundo cuando es grande el amor que lo suscita.

El hecho de dejar a los discípulos solos era algo más serio y de mayor transcendencia de lo que ellos podían imaginar en aquel momento, a pesar de la intensidad de su dolor. Y Jesucristo era bien consciente de ello. Por eso brota de su Corazón un ruego apasionado, casi angustiado, tal como aparece en la oración que dirige a su Padre en la Noche de la Despedida: *Yo ya no estoy en el mundo, pero ellos están en el mundo y Yo voy a Ti.*[6] Como si dijera: *Ten en cuenta, Padre, que Yo ya me voy; pero ellos se quedan...*

Desde entonces han transcurrido siglos, y hasta milenios, y los discípulos siguen a la espera de su Regreso. Durante la cual, dada tan prolongada demora, muchos han abandonado la espera y hasta dejado de creer en ella: *Te-*

---

[5] Jn 16:22.
[6] Jn 17:11.

ned en cuenta que en los últimos días vendrán hombres que se burlarán de todo y que, viviendo según sus propias concupiscencias, dirán: "¿Dónde está la promesa de su venida? Porque desde que los Padres murieron, todo continúa como desde el principio de la creación".[7] Que tal es el modo de comportarse los humanos. Por eso siempre llega un tiempo en que las presencias se convierten en recuerdos, los recuerdos en borrosas memorias, las borrosas memorias en leyendas, las leyendas en mitos, y los mitos..., acaban perdiéndose en la noche de los tiempos, olvidados para siempre. Y es entonces cuando la espera vigilante se relaja primero..., para abandonarse definitivamente después. Como ocurrió con las vírgenes de la parábola: *Como el Esposo tardaba, les entró sueño a todas y se durmieron.*[8] Aunque todavía no es eso lo peor.

Porque, a medida que ha ido transcurriendo el tiempo, el número de los que aguardan al Esposo no ha cesado de disminuir, mientras que la gran masa de *los que ya nada esperan* ha ido aumentando sin cesar. Una situación que culminó cuando los hombres decidieron que era aquí donde debía ser construida la *ciudad permanente* (Heb 13:14), hasta que la inmensa mayoría resolvió quedarse en ella puesto que *ya no había otra a la que esperar.*

---

[7] 2 Pe 3: 3–4.

[8] Mt 25:5.

He ahí el gran drama del tiempo presente, que los hombres se han negado a reconocer: Pues *un mundo sin Esperanza es un mundo desolado*, que ha renunciado para siempre al Amor y a la Alegría y ha hecho su opción a favor de un pavoroso abismo..., cuyo fondo se presiente como algo más terrible que la misma Nada.

Sin embargo, aún queda un *pequeño rebaño* (Lc 12:32) que aguarda ansiosamente el regreso de su Pastor. Son los que siempre han amado puesto que, siendo el amor esa misteriosa realidad que *no pasa jamás* (1 Cor 13:8), ellos nunca dejaron de esperar su Venida definitiva. El Apóstol San Pablo identificaba el amor con la nostalgia y el ansia de su regreso: *Por lo demás, me está reservada la merecida corona que el Señor, Justo Juez, me entregará aquel día; y no solo a mí, sino también a todos aquellos "que aman su venida"*.[9] Nada espera quien nada ama, con lo que queda de manifiesto, una vez más, que la Esperanza camina siempre de la mano del Amor.

De la Espera confiada del Esposo, que prometió volver, han extraído los cristianos de todas las épocas y especialmente los del tiempo presente, las fuerzas para seguir caminando en medio de incontables adversidades. Una Espera que, si bien cuando contempla el pasado aumenta en

---

[9] 2 Tim 4:8.

Nostalgia, cuando mira hacia el futuro arde en deseos ardientes de que el Esposo regrese pronto:

Y el Espíritu y la esposa dicen: "¡Ven!" Y el que oiga que diga: "¡Ven!"

El que da testimonio de estas cosas dice: "Sí, voy enseguida". Amén. ¡Ven, Señor Jesús![10]

La Esperanza es el alimento de un amor que sufre de ausencias y de nostalgias. Pero cuyo papel no es meramente de consolación, sino que sirve de acicate para incrementar hasta lo impensable la ansiedad y el deseo de encontrar al fin a quien se espera, aumentando así el amor, y haciendo más intensa también la Perfecta Alegría de un Encuentro definitivo de cuya certeza en cuanto a su cumplimiento no cabe dudar.

Es justamente lo que sentía el alma enamorada que esperaba, como las vírgenes prudentes de la parábola, con su lámpara bien provista y encendida:

> *En la noche serena*
> *del silencioso valle nemoroso,*
> *en honda y dulce pena,*
> *la espera del Esposo*
> *de ardorosa impaciencia mi alma llena.*[11]

---

[10] Ap 22: 17.20.
[11] *CFC*, n. 108.

XVIII

Ven por fin a mi lado, bienamada,
mi esposa, mi perfecta, mi paloma,
pues ya la noche corre apresurada
y el sol por el otero ya se asoma.[1]

En el misterioso marco del amor divino–humano, aún no consumado en la Patria, la exclamación del Esposo aludiendo al final de la noche y a la proximidad del día equivale a una llamada de Esperanza. San Pablo lo expresaba en una frase escueta: *La noche está avanzada y el día ya está cerca.*[2] Y efectivamente, pues los textos de la Escritura se refieren a la culminación del peregrinaje terreno y a su consiguiente final.

Pero en la sociedad de los hombres son muchos los que piensan que la Muerte es un definitivo acabamiento. Entre

---

[1] *CFC*, n. 81.
[2] Ro 13:12.

los que se encuentran quienes creen que la Vida ofrece la
única felicidad a la que el ser humano puede aspirar (aun
reconociendo que es una menguada felicidad), mientras
que otros, avanzando posiciones, están convencidos de que
la existencia humana es un Absurdo en el que se debaten
seres destinados a desvanecerse en la Nada.

Para los cristianos, sin embargo, las cosas son muy
distintas. Pues como dice el Apóstol, *nosotros no somos
de la noche ni de las tinieblas*,[3] por lo que la Vida presenta
para ellos un doble significado:

En primer lugar, como plenitud de Alegría, en cuanto
que, además de ser el Camino que los conduce a la Patria,
les proporciona la oportunidad de compartir la existencia
y la Muerte de Jesucristo.

En segundo lugar y desde otro punto de vista, porque
la Vida es para ellos un verdadero *Valle de lágrimas* donde el itinerario a recorrer coincide con la senda estrecha
y difícil anunciada por el Maestro (Mt 7:14). Los cristianos caminan por ella acompañados por el sufrimiento y
el dolor en todas sus formas, entre los que no faltan la
incomprensión y las persecuciones por parte de un Mundo que jamás les perdonará su condición de discípulos de
Jesucristo.

---

[3] 1 Te 5:5.

Y lo hacen, como es lógico, suspirando de ansiedad porque pasen pronto la noche, las tinieblas, los inviernos y las lluvias. Al mismo tiempo que se sienten animados con múltiples sentimientos de añoranzas, de nostalgias y de Esperanza, además del consuelo que les proporciona la convicción de que el período de prueba y de peregrinación es breve, pues ya se les ha dicho que *el tiempo es corto*[4] y que *la apariencia de este mundo pasa.*[5]

En cuanto al Esposo de *El Cantar de los Cantares*, se siente más impaciente aún que la esposa porque llegue el momento del encuentro. La ausencia entre quienes se aman es cosa difícil de soportar y sólo la Esperanza, en la seguridad que otorga de que tal situación es transitoria, proporciona la fuerza necesaria para seguir aguardando el momento de verse de nuevo. Por eso el Esposo la anima alborozado:

> *¡La voz de mi amado!...*
> *Oíd que me dice:*
> *Levántate ya, amada mía,*
> *hermosa mía, y ven.*
> *Que ya se ha pasado el invierno*
> *y han cesado las lluvias.*[6]

---

[4] 1 Cor 7:29.

[5] 1 Cor 7:31.

[6] Ca 2: 8.10–11.

Y como en el amor todo es igualdad y reciprocidad, ahora es la esposa, impaciente también como el Esposo, quien lo invoca con insistencia para que venga pronto y la libere del peligro de sucumbir bajo el aire frío y las tinieblas de la noche:

> *Antes de que refresque el día*
> *y se extiendan las sombras,*
> *ven, amado mío, semejante a la gacela,*
> *semejante al cervatillo,*
> *por los montes de Beter.*[7]

El anhelo que mueve a los cristianos a vivir de Esperanza es tan fuerte como el sufrimiento que se ven obligados a padecer, a lo que hay que añadir el extrañamiento al que se ven sometidos por el ambiente hostil del Mundo en el que viven. Sentimientos que son ahora más intensos que nunca, cuando falta el cobijo firme que antaño ofrecía la Iglesia, sometida en estos momentos a una grave crisis de inseguridad en Sí misma, aún más agravada por la forma de conducirse muchos malos Pastores.

Con todo, la causa mayor y más importante de sufrimientos, pero que a menudo pasa desapercibida para

---

[7]Ca 2:17.

muchos, es la tibieza en la que generalmente transcurre la existencia cristiana: *La única tristeza es la de no ser santos.* Dado que el amor, que no es compatible con la mediocridad y es esencialmente *totalidad*, no entiende de partes, de condiciones o de demoras, sino que lo da todo y ahora, esperando a su vez recibir también el todo y al instante. Y de ahí la actualidad de las palabras del Maestro: *Porque a todo el que tiene se le dará y tendrá en abundancia; pero al que no tiene, incluso lo* [poco] *que tiene se le quitará.*[8]

Los verdaderos amadores, sin embargo, viven pendientes del final de la noche y de la llegada del día. Vislumbran, por fin, la desaparición de las sombras, y comienzan a intuir, de manera confusa pero cierta, los claros sonidos de melodiosos acordes que embargan el alma, la liberan del Mundo y la hacen presentir al mismo tiempo las armonías del Cielo:

> *Los rayos que la aurora derramaba*
> *la vida al verde valle devolvían,*
> *mientras que en las cañadas se escuchaba*
> *el melodioso son, que al par hacían,*
> *rabeles y guitarras*
> *y el áspero runrún de las cigarras.*[9]

---

[8] Mt 25:29.

[9] *CFC*, n. 31.

XIX

Pero él creyó, esperando contra toda esperanza...[1]

Este texto de San Pablo es, sin duda alguna, uno de los pilares de la vida cristiana. En cuanto a su significado, todo apunta a que la Esperanza cristiana comienza allí donde ha desaparecido toda esperanza basada en fundamentos meramente humanos. O dicho de otra forma, el texto hace constar que la virtud de la Esperanza no influye plenamente en la vida del cristiano *hasta que ha desaparecido cualquier vestigio de esperanza humana.*

Y en efecto, porque afirmar que la Esperanza cristiana es la única que no decepciona (Ro 5:5), equivale a decir que *las esperanzas humanas son falaces.* A pesar de que,

---

[1]Ro 4:18.

por extraño que parezca, nunca como ahora han gozado de tanta credibilidad, pues jamás como en los tiempos presentes la Humanidad se había sentido tan ávida de ser engañada.

Es un hecho sabido que las esperanzas meramente humanas, no solamente gozan de universal aceptación, sino que su simple negación provoca la enemistad del Mundo y hasta la persecución de quienes se atreven a cuestionarlas. A pesar de que, en realidad, suelen estar fundadas en monstruosas mentiras y en imaginarias *utopías*.

Las utopías de las que vive y se alimenta la sociedad moderna no son sino arteros engaños, creados y fomentados por el Espíritu del Mal a fin de mantener sumido en una peligrosa ilusión al hombre de hoy. Su malicia consiste en que hace vivir a sus seguidores en una *continuada mentira* que los aparta de la realidad, les hace olvidar el objeto en el que habrían de poner las verdaderas esperanzas y, por si eso fuera poco, los anima a seguir un camino que los conduce a su perdición. El solo hecho de mantener a los hombres en una constante situación de falsedad y mera ilusión ya es rentable para el Padre de toda Mentira, en cuanto que es la oposición más cerrada que cabe imaginar a quien dijo de Sí mismo que era la Verdad (Jn 14:6).

La Utopía de la Justicia

Todavía hay quienes piensan que llegará un tiempo en el que alguien —un determinado Sistema o Partido político, un cierto Gobierno o un hábil mandatario— implantará por fin la Justicia en el mundo. Aunque es una vana esperanza *en la que en realidad nadie cree,* por más que los hombres se harten de hablar de la justicia, de su independencia y de la separación de Poderes en el ámbito político. Doctrina acerca de la cual, dicho sea de paso y pese a que alguien se obstine en sostener lo contrario, conviene recordar que *jamás en parte alguna se ha visto realizada.*

La Biblia, por ejemplo, no cree en la posibilidad de que llegue a implantarse en el mundo la verdadera Justicia durante el Tiempo presente. San Pedro afirmaba que *nosotros, según su promesa, esperamos unos cielos nuevos y una tierra nueva en los que habita la justicia.*[2] De donde se desprende que, si solamente llegado ese momento transcendental en la Historia de la Salvación es cuando reinará la justicia, es porque nunca ocurrirá tal cosa en el mundo de la Iglesia peregrina.

Por otra parte, frente a lo que normalmente sería lógico pensar, la Humanidad *no tiene en realidad ningún deseo de*

---

[2] 2 Pe 3:13.

justicia. En el mundo son legión los injustos y los que viven al margen de la honradez, sin el menor deseo de que las cosas sean diferentes. Por lo que bien puede decirse que la sociedad de los hombres es el Reino de la Injusticia, como cualquiera puede comprobar con sólo ver, sin necesidad de demostración. En cuanto a argumentos bíblicos sobre este punto (para un cristiano, la Palabra de Dios es criterio definitivo de conocimiento), conviene tener en cuenta que fue el mismo Jesucristo quien llamó bienaventurados *a los que tienen hambre y sed de justicia*. Cuando, en realidad, es bien sabido que el término *bienaventurado* se refiere siempre a una minoría, según se deduce de las palabras del mismo Jesucristo para quien los que marchan por el Camino que conduce a la vida son muy pocos, mientras que, por el contrario, son muchos los que andan por el Camino de la perdición (Mt 7: 13–14).

De donde se deduce que el constante parloteo de la sociedad moderna acerca de la Justicia, después de haber elevado la Democracia a la categoría de un dogma de fe, queda reducido, en último término, a un gigantesco ejercicio de hipocresía global y de autoengaño colectivo. El ya viejo e inveterado pacto con la Mentira ha terminado por conducir a la Humanidad a prestar adoración al Padre de todas las Falsedades y de todos los embusteros.

De ahí que no sea lícito para el cristiano creer en las utopías, pues no le está permitido aceptar la Mentira ni pactar con ella. Cree efectivamente en la Justicia, en todas y cada una de sus diversas formas, si bien como virtud individual que ha de regir su vida personal y como Esperanza de algo más elevado que sólo llegará a hacerse realidad en el Mundo venidero. De este modo, la Justicia es para él una *realidad de futuro* en la que ahora confía gracias a la virtud de la Esperanza, que es la que le otorga fuerzas para mirar hacia adelante y le libra de creer en una realidad presente que no es sino falsedad, puesto que *no se ve ni se encuentra por parte alguna*. Así es como, gracias a la Esperanza, vive en la verdad, alimentándose de cierta nostalgia y en ansiedad de deseos que jamás le dejarán confundido: *Porque hemos sido salvados por la esperanza. Ahora bien, una esperanza que se ve no es esperanza; pues, ¿acaso uno espera lo que ve? Por eso, si esperamos lo que no vemos, lo aguardamos mediante la paciencia.*[3]

Por lo demás, el discípulo de Jesucristo sabe que jamás encontrará la Justicia durante el tiempo que dure su peregrinaje terreno. Y menos aún la Paz, la cual siempre anduvo hermanada con la Justicia y nunca sin ella (Sal 85:11). Y todo ello hasta que el brillo radiante del lucero de la

---

[3]Ro 8: 24–25.

mañana alumbre el nuevo día (2 Pe 1:19), pues será entonces cuando llegue el Esposo y suceda lo que anuncia el Libro del Apocalipsis, una vez cumplida por fin toda esperanza: *Y enjugará toda lágrima de sus ojos; y no habrá ya muerte, ni llanto, ni lamento, ni dolor; porque todo lo anterior ya habrá pasado* (Ap 21:4). Por eso dice también la rima:

> *Dichoso aquél que ardiente ha deseado*
> *hallar las huellas del amigo amado*
> *hasta que, ya cansado, al fin alcanza*
> *lo conocido antaño en esperanza.*[4]

---

[4] *CFC*, n. 117.

XX

*Pretenden curar el quebranto de mi pueblo diciendo
a la ligera: "paz, paz", cuando en realidad no hay paz.*[1]

Ya hemos dicho que la malicia de las utopías estriba
principalmente en que apartan al hombre de las verdaderas esperanzas, haciéndole concebir falsas ilusiones que lo
desvían de su meta y lo conducen a la perdición. Pues el
Espíritu del Mal trata por todos los medios de apartarlo
de la verdad para desviarlo hacia la mentira, procurando
llenar su corazón de fantasías y fútiles ilusiones capaces
de hacerle olvidar el profundo contenido de la Esperanza
cristiana. En realidad no son muchos los que llegan a comprender el realismo con el que se expresaba Fernández de
Andrada:

---

[1] Jer 6:14.

Fabio, las esperanzas cortesanas
prisiones son do el ambicioso muere
y donde al más astuto nacen canas.
El que no las limare o las rompiere,
ni el nombre de varón ha merecido,
ni subir al honor que pretendiere.[2]

Ya el hecho de haber perdido la virtud de la Esperanza supone para cualquier hombre una desgracia. Quien no ha llegado a conocer la Esperanza cristiana, o quien ha decidido ignorarla, se ha condenado a vivir sin alegría ni ilusiones, caminando sin rumbo como un ciego cuyo destino no puede ser otro que el abismo. La pérdida definitiva de esta virtud equivale a la *pérdida para siempre del amor* y, por lo tanto, al fracaso total del fin para el cual el ser humano había sido creado. Dante lo hizo notar así en la inscripción grabada en el frontispicio del Infierno de su *Divina Comedia*:

Por mí se va a la ciudad doliente;
por mí se va al eterno dolor;
por mí se va entre la gente perdida.

---

[2]Fernández de Andrada, *Epístola Moral a Fabio.*

La Justicia movió a mi supremo Autor.
Me hicieron la divina potestad,
la suma sabiduría y el amor primero.

Antes que yo no hubo cosa creada,
sino lo eterno, como yo, que duro para siempre.
Vosotros, los que entráis, dejad aquí toda esperanza.

Pues no otro es el fin de todas las falsas esperanzas y de todas las utopías. Veamos brevemente, a modo de ejemplo, otra de las más corrientes en el mundo de hoy.

La Utopía de la Paz

La utopía pacifista se vale de uno de los mayores engaños voluntariamente asumidos por la sociedad moderna. Nunca como ahora se ha hablado tanto de paz ni jamás ha sido tan fuertemente proclamada..., *cuando en realidad nadie está dispuesto a hacer nada por procurarla.* Determinar con exactitud los objetivos perseguidos por el Movimiento *pacifista* no es cosa fácil, si bien podrían equipararse, en último término, a los mismos que pretende otro Movimiento también actual, cual es el del *feminismo.* Ambos coinciden en el intento de disolver la sociedad actual, tal como está estructurada según los fundamentos cristianos que todavía perviven en ella. Algunos hablan también de otros fines, como el de una estrategia política para dominar a las naciones débiles por parte de las más poderosas, mientras que tampoco faltan los que prefieren pensar en la vana creencia de establecer una Paz universal regulada por un Gobierno mundial que abarcaría todo el planeta y acabaría para siempre con las guerras. Fines aparentemente diversos cuyo común denominador es siempre el mismo: destruir de raíz los últimos fundamentos cristianos que quedan todavía en la sociedad moderna.

Sin embargo, dígase lo que se quiera, la Paz como ausencia de guerras —que es como únicamente el Mundo la entiende— no pasa de ser una utopía y una ilusión. Un imposible en el que sólo pueden creer los ingenuos o quienes se han dejado seducir por la Mentira, después de haber cerrado sus mentes a la verdad para dar paso a las fábulas, como dice el Apóstol San Pablo (2 Tim 4:4). Y aunque es cierto que sería buena cosa la posibilidad de creer en esa pretendida Paz universal, es mejor de todos modos situarse al lado de la verdad por muy dura que pueda parecer. La utopía es, a fin de cuentas, una ensoñación y una mentira, por lo que aceptarla es ponerse a caminar por la senda de la perdición.

Por supuesto que el Nuevo Testamento, además de ignorar el concepto de paz tal como el Mundo la entiende, rechaza la idea de la tan pretendida Paz universal a conseguir algún día, y hasta se burla de tamaño engendro intelectual: *Así pues, cuando clamen: "Paz y seguridad", entonces, de repente, se precipitará sobre ellos la ruina —como los dolores de parto de la que está encinta—, sin que puedan escapar.*[3]

El mismo Jesucristo, hablando de los acontecimientos que precederán al final de la Historia, tampoco parece estar de acuerdo con esa tan feliz Paz global que los hombres sueñan con conseguir algún día. E incluso más bien anuncia lo contrario: *Cuando oigáis hablar de guerras y de rumores de guerras, no os inquietéis; porque es necesario que ocurra, pero todavía no es el fin. Se alzará pueblo contra pueblo y reino contra reino, y habrá terremotos en diversos lugares y hambre. Lo cual será el comienzo de los dolores.*[4] Pues sucede que la Paz no puede existir sin la Justicia. Y dado que el Mundo se encuentra tan lejos de otorgar posibilidades a esta última, sin que pueda preverse el menor atisbo de un cambio en sentido contrario, resulta de ahí que solamente quienes han hecho su opción por la Mentira son quienes podrían creer en la tan soñada Paz universal. Pues está más que demostrado que todos

---

[3] 1 Te 5:3.
[4] Mc 13: 7–8.

los mentirosos acaban convenciéndose de sus propias falacias..., para finalmente convertirse en sus víctimas.

Lo más triste de todo es que hasta los mismos cristianos han olvidado el verdadero concepto de la Paz, tal como lo entendía Jesucristo. Hasta la misma Iglesia, que tanto ha hablado y habla de la Paz a través de una constante e insistente Pastoral, parece entender y referirse solamente a la Paz mundana. Y así es como se ha llegado a lo peor que podía haberle sucedido a un católico de hoy, además de verse sumido en un mar de confusiones: *pues ha perdido definitivamente la Alegría*. Una desgracia que sólo ha sido posible cuando se ha olvidado el verdadero concepto de la Paz tal como Jesucristo lo dejó a los suyos: *La Paz os dejo, mi Paz os doy, no como la da el Mundo.*[5] Que por eso decía el Apóstol: *Y la Paz de Dios, que supera todo entendimiento, custodiará vuestros corazones y vuestros sentimientos en Cristo Jesús.*[6]

Jesucristo tuvo buen cuidado de distinguir su Paz de la que da el Mundo. Además Él no sigue el camino de las falsas ideologías, pues *no promete* a sus discípulos una Paz futura, sino que se la *otorga ya y desde ahora*. Por eso sus esperanzas se mezclan en ellos con el sentimiento de

---

[5] Jn 14:27.
[6] Flp 4:7.

la Alegría, que juntamente las acompaña: *Vosotros ahora os entristecéis, pero os volveré a ver y se alegrará vuestro corazón y nadie os quitará vuestra alegría.*[7] Una promesa que nada tiene que ver con la utopía, puesto que, a diferencia de esta última, no se fundamenta en la Mentira, sino en Aquél que dijo de Sí mismo *Yo soy la Verdad.*[8]

---

[7] Jn 16:22.
[8] Jn 14:6.

XXI

Por eso se alegra mi corazón,
se goza mi alma
y mi carne descansa en la esperanza.[1]

Como venimos diciendo, la travesía por el Valle de Lágrimas se hace cada vez más dolorosa y difícil para quienes peregrinan a través de él hacia la Patria del Cielo. Salvo para los que saben encontrar el sentido de esas aflicciones que convierten el camino en la senda ardua, empinada y difícil de la que habla el Evangelio (Mt 7:14), pero que ahora no obstante adquiere un sentido enteramente nuevo.

Aflicciones y penalidades que son absolutamente reales, puesto que el Mundo se desmorona a ojos vistas. Por lo

---

[1]Sal 16:9.

que a la Iglesia respecta, por ejemplo, el número de sus fieles disminuye continuamente y se siente cada vez más confundida. Cualquiera que la contemple y haya olvidado o no conozca la Promesa de su Fundador pensará convencido que se encuentra en peligro de desaparición. También la familia, base estructural de la Sociedad humana, ofrece todos los síntomas de estar abocada a su próxima liquidación. Las libertades no lo son sino de nombre, desde el momento en que el Estado se ha convertido en un Monstruo mastodóntico que controla hasta la vida más íntima de los ciudadanos. El Padre de todas las Falsedades, reconocido al fin como Señor del Mundo (Jn 12:31; 16:11), ha implantado su Reino de la Mentira y de la Injusticia, subvirtiendo y anulando la escala de los valores humanos tal como hasta ahora había sido entendida. El Cristianismo, de forma cruenta o incruenta, es perseguido por todas partes. La razón ha sido eliminada de tal modo que admitir la posibilidad de cualquier certeza se ha convertido, para quien se atreva a hacerlo, prácticamente en un delito. El amor se ha degradado a la categoría de simple sexo y equiparado a las más nefandas aberraciones. La existencia humana ha dejado de tener sentido, una vez establecido que el hombre no es dueño de su propio destino cuyo definitivo final, además, se asegura que coincide con la muerte.

Bien puede decirse por lo tanto, ahora más que nunca, que el camino de cualquier ser humano, y más especialmente el del cristiano que viaja en su condición de peregrino, transcurre a través de un Valle de Lágrimas sembrado de angustias y dolores.

Sin embargo el hombre no ha sido creado para el dolor, sino para vivir en la Alegría y para gozar de la Felicidad. Las cuales, además de comenzar ya durante su peregrinaje terreno, hallarán por fin su consumación definitiva en la Patria del Cielo.

El problema radica en que las verdades que son fundamentos de la existencia son fácilmente olvidadas y hasta con frecuencia desconocidas. Como ocurre, por ejemplo, con el sufrimiento, cuyo inmenso valor e infinitas potencialidades, debidamente enfocados, son ordinariamente ignorados. Y por supuesto que, cuando está motivado por el amor y santificado por la gracia, es para el cristiano *la única oportunidad de que dispone para alcanzar la Perfecta Alegría.*

De esta forma, cosas que normalmente serían consideradas como castigo y desgracia —el sufrimiento, la muerte...— se convierten en un modo de compartir la existencia de Jesucristo y de ser parte en la relación amorosa divino–humana. De ahí la necesidad y grandeza de las tribulaciones: *Nosotros nos gloriamos en las tribulaciones, sabiendo*

*que la tribulación produce la paciencia; la paciencia, la
virtud probada; la virtud probada, la esperanza. Una esperanza que no defrauda, porque el amor de Dios ha sido
derramado en nuestros corazones...*[2]

He ahí la razón de la Esperanza y de porqué el Amor,
a pesar de no ser poseído todavía plenamente (sólo en forma de arras y primicias), pero en la absoluta seguridad
de ser alcanzado, es capaz de llenar de Alegría al cristiano
que peregrina en el Mundo, pese a las adversidades que le
presenta el ambiente hostil en el que se ve obligado a vivir.
Para el Apóstol San Pablo, solamente la Esperanza posee
la capacidad de hacerlo dichoso en medio de las tribulaciones. Por lo cual advertía a los discípulos de Jesucristo que
habrían de ser en todo momento *alegres en la esperanza,
pacientes en la tribulación, constantes en la oración.*[3]Una
consigna que permanece olvidada, o tal vez desconocida,
para una gran multitud de cristianos.

El tema del Amor aún no poseído por entero, pero
que es la causa de los suspiros de ansiedad que impulsa la
Esperanza, propios del alma enamorada de Dios, merece
una especial consideración. Pues, ¿acaso es posible que la
ausencia del Esposo tan deseado (aunque en la seguridad

---

[2]Ro 5: 3–5.

[3]Ro 12:12.

de ser pronto encontrado) pueda alimentar los ardientes anhelos del alma que ama a su Dios? ¿Puede una dolorosa ausencia transformarse en fuente inagotable de indecible Alegría? Como decía San Juan de la Cruz en su *Cántico Espiritual*:

> *¡Ay quién podrá sanarme!*
> *Acaba de entregarte ya de vero;*
> *no quieras enviarme*
> *de hoy ya más mensajero,*
> *que no saben decirme lo que quiero.*

O también, tal como lo canta la rima:

> *En la noche serena*
> *del silencioso valle nemoroso,*
> *en honda y dulce pena,*
> *la espera del Esposo*
> *de ardorosa impaciencia mi alma llena.*[4]

---

[4] *CFC*, n. 108.

XXII

Esperanza y amor perfecto.

La Esperanza es la virtud que alivia las fatigas del cristiano a través de su peregrinar por el Valle de Lágrimas, además de proporcionarle las fuerzas necesarias para llegar a la Patria.

A medida que aumentan las dificultades que aparecen en tan arduo camino, más se hace patente la necesidad de la Esperanza. Hasta que llega un momento en el que parece haber desaparecido, e incluso trocado en desesperanza, de manera que todo sucede como si se hubiera desvanecido sin dejar el menor rastro. Que es precisamente cuando más se agudiza la necesidad de su presencia, tal como lo insinúa el *esperar contra toda esperanza* de San Pablo.[1] Por lo que

---

[1]Ro 4:18.

bien puede decirse que la Esperanza no se hace eficaz hasta el instante mismo de su presunta ausencia.

En último término, es ella la que da seguridades al cristiano en lo que se refiere al enorme aparato de este Mundo que, con toda la fuerza de su Poder, sin embargo es viento que pasa sin dejar huella alguna, *pues la apariencia de este mundo pasa.*[2]

Pero la Esperanza no es una mera virtud de consolación, puesto que es *fuente verdadera de la Alegría del cristiano.* Pues, tal como venimos diciendo, le proporciona la confianza para esperar con certeza la consoladora realidad de que, al fin, el Mundo de la Mentira y de la Injusticia tendrá que contemplar un día la implantación de la plena Justicia: *Pues nosotros permanecemos en el Espíritu, Quien nos hace aguardar por la fe los bienes que esperamos de la justicia.*[3]

El amor, como participación en la Vida Divina que le ha sido otorgada al ser humano, no alcanza sin embargo su perfección mientras dura el peregrinaje terreno. Y, si bien es cierto que la presencia del Espíritu es en el hombre una realidad actual (Ro 5:5), sólo en forma de primicias (Ro 8:23), sin llegar a ser todavía una posesión completa.

---

[2] 1 Cor 7:31.

[3] Ga 5:5.

Pues efectivamente hemos sido salvados, aunque sólo como una posibilidad que por ahora es únicamente esperanza (Ro 8:24).

En el Plan actual de la Historia de la Salvación, la creatura caída por el pecado, pero regenerada por la gracia, alcanza el amor perfecto *por pasos*, recorriendo un camino ascendente de perfeccionamiento. Es, por lo tanto, un *ya* en el que sin embargo prevalece el *todavía no*. Con todo, tal provisionalidad con respecto a la perfección en el amor, lejos de ser motivo de abatimiento, se convierte en *una fuente inagotable de gozo que permanece mientras dura el período de peregrinación*.

Ante todo, porque el hecho de vivir en estado de *todavía no*, al mismo tiempo que obliga a la creatura a disponerse progresivamente para el amor total, la coloca en una situación en la que vive de ansiedades e impaciencias, de ilusión por lo que ha de venir, de expectación por la llegada del Esposo y de ardiente sed por contemplar y gozar de su figura. Como decía San Juan de la Cruz en su *Cántico Espiritual*:

> *Descubre tu presencia,*
> *y máteme tu vista y hermosura;*
> *mira que la dolencia*
> *de amor, que no se cura*
> *sino con la presencia y la figura.*

Donde es de notar que tal ansiedad, lejos de traducirse en sentimientos de tristeza, más bien llena de gozo el corazón de la creatura. El Santo poeta de Fontiveros confiesa en esta estrofa que la esperada contemplación del Esposo —en realidad, la mera posibilidad de que tal cosa pueda producirse— parece inducirle a una muerte de amor. Que es el mismo sentimiento con el que vivía la esposa de *El Cantar de los Cantares*:

> *Confortadme con pasas,*
> *recreadme con manzanas,*
> *que desfallezco de amor.*[4]

He ahí lo que hace que la esposa aguarde con gran ansiedad la llegada del Esposo, sin cuya vista y contemplación siente que ya no puede vivir. Por fin se ha dado cuenta que el amor es la única fuente de vida que existe, y de ahí lo insólito de tantos humanos que no lo han comprendido y cuya existencia no es otra cosa que un remedo de lo que sería la verdadera vida:

---

[4]Ca 2:5.

> *Anduve hasta el collado*
> *donde mana la fuente de agua clara*
> *a espera del Amado,*
> *hasta que al fin llegara,*
> *y el brillo de sus ojos me mostrara.*

Por eso, el contemplar por fin al Esposo y morir de amor son para ella una sola y misma cosa:

> *¡Si al recorrer el valle yo pudiera*
> *en el bosque de abetos encontrarte,*
> *hasta que al fin de nuevo al contemplarte*
> *muerte de amor contigo compartiera...!*[5]

Y, como puede apreciarse, nos hallamos aquí en el punto opuesto de la teoría del *cristianismo anónimo*, según la cual se produce la salvación de modo automático y sin necesidad de aceptación ni colaboración alguna por parte del hombre; en una presunta y fantasmagórica relación amorosa divino–humana que, en realidad, de este modo quedaría por completo destruida.

Frente a lo que pudiera creerse en una apreciación ordinaria de lo que es el amor, la ansiedad y la impaciencia

---

[5] *CFC*, n.27.

por la persona amada, cuya llegada y contemplación se esperan, son elementos más que suficientes para llenar el corazón de Alegría. Conviene recordar que el amor es la realidad más misteriosa que existe, y de ahí que el lenguaje de los enamorados sea cosa tan peculiar que sólo por ellos puede ser entendido. Por eso no es extraño que a veces exprese un contenido que viene a ser lo contrario de lo que aparentemente dice. Como en la siguiente estrofa, en la que lo que se pide a la persona amada es justamente lo contrario de lo que podría parecer a cualquier observador superficial:

> *Si de nuevo me vieres*
> *allá en el valle, donde canta el mirlo,*
> *no digas que me quieres,*
> *no muera yo al oírlo*
> *si acaso tú volvieras a decirlo.*[6]

Y mientras tanto, en el intervalo y a la expectativa, tanto si vuelve a oír la declaración *te amo* como si no, el alma enamorada queda traspasada y anegada en gozo.

En el misterioso universo del amor, todo lo que sucede es incomprensible para quien nunca ha sabido amar.

---

[6] *CFC*, n. 52.

Las lágrimas, por ejemplo, generalmente consideradas como manifestación de dolor, son en el amor una expresión de gozo de las mayores que el ser humano podría imaginar, y por eso los autores espirituales hablaban del *don de lágrimas.* Pues, como decía el personaje Gandalf en la obra épica de Tolkien, *no todas las lágrimas son malas.* Las derramadas por el árbol conocido como *sauce llorón,* por ejemplo, a la vista del dulce y enamorado ruiseñor que aún no encuentra a su amada, son lágrimas de com–pasión en el amor. Y sufrir por amor, en sentimiento compartido con quien languidece de amor, es también experimentar el gozo del amor:

> *La dulce filomena*
> *llamando está a su amor desde la rama*
> *del verde sauce en el umbroso vado.*
> *Y el árbol siente pena*
> *por el ave que no encuentra a su amado*
> *y que, en su angustia, clama,*
> *sintiendo que agoniza en dulce llama.*
> *Y, desde aquella hora,*
> *siempre que la oye el sauce, también llora.*[7]

---

[7] *CFC*, n. 16.

XXIII

Me siento lleno de consuelo y rebosante de gozo
en todas nuestras tribulaciones.[1]

La posibilidad de *compartir voluntariamente los sufri-mientos y la muerte de Jesucristo* es otra razón que llena de esperanzada alegría el corazón del cristiano. Lo cual supone un verdadero amor y un conocimiento previo de Jesucristo, y de ahí que sean tan escasos los que viven ese misterio de la Fe.

Decía Chesterton que *la alegría es el gigantesco secreto del cristiano.* Una feliz ocurrencia del escritor inglés que ha sido siempre acogida como una ingeniosa frase litera-ria..., pero en la que casi nadie se ha atrevido a profundi-zar en su contenido: ¿Realmente son muchos los cristianos que viven su Fe en un desbordante testimonio de Alegría? En todo caso, todavía existen quienes estarían de acuerdo

---

[1] 2 Cor 7:4.

en admitir que las tribulaciones y sufrimientos, soportados con paciencia, contribuyen en gran manera a facilitar
el camino del Cielo. Pero de eso a preferir y desear los
sufrimientos, soportándolos con gozo ante la posibilidad
de compartir más plenamente la existencia de Jesucristo,
existe un largo camino que muy pocos recorren. De manera
que, aun admitiendo la verdad de la afirmación de Chesterton, será preciso reconocer, sin embargo, que la Alegría
sigue siendo un secreto..., también para los cristianos.

Y sin embargo, esa es precisamente —tendría que serlo— *la condición normal de la vida cristiana*. Tal como
el Apóstol San Pablo se lo advertía con toda claridad a
los cristianos de Tesalónica: *Que nadie flaquee ante estas
tribulaciones, pues bien sabéis que eso es lo que nos espera*
(1 Te 3:3). Y por si aun quedara alguna duda, ahí está su
triunfante testimonio en favor de los fieles de Macedonia,
tal como él mismo lo explicaba a los de Corinto: *En medio
de una gran tribulación con que han sido probados, su
rebosante gozo y su extrema pobreza se desbordaron en
tesoros de generosidad.*[2]

Pero si esto ha sido siempre difícil de entender para los
numerosos cristianos que viven su Fe de manera superficial, por no hablar de los hombres puramente carnales e
incapaces de entender las cosas del Espíritu (1 Cor 2:14),

---

[2] 2 Cor 8:2.

¿qué decir del moderno Catolicismo, *puesto al día confor-me al modo de pensar del mundo presente*, que ha cambiado el culto a Dios por el culto al hombre, dando lugar a una religión en la que ha desaparecido toda idea de sacrificio y de inmolación personal por amor? El resultado, demasiado patente y a la vista para quien quiera ver, no es otro sino que el Catolicismo moderno, en buena sintonía con el Mundo en el que vive, *ha eliminado del horizonte de su existencia cualquier vestigio de Alegría.*

La gran cuestión que plantea la existencia cristiana, sólo inteligible para el verdadero discípulo de Jesucristo, tiene que ver con el hecho de compartir sus sufrimientos y su muerte (Ro 6:3). Pero no se trata ahora simplemente de la Alegría de imitar la vida del Maestro en todas y cada una de sus facetas, incluidas sus penalidades y angustias, sino de algo más profundo y difícil de entender, pues, ¿qué verdadero enamorado no deseará estar junto a la persona amada, sobre todo en los momentos difíciles, incluso hasta dar por ella la propia vida si fuera necesario? Y aun así, como acabamos de decir, el horizonte al que se extiende la cuestión aún tiende a ser más elevado (a pesar de que el Catolicismo en sintonía con la Religión Universal de la Nueva Edad parezca haberlo olvidado), puesto que ahora asumimos la feliz realidad de que Jesucristo *es para el cristiano su propia vida, del que ya no puede prescindir para continuar su peregrinaje terreno.* Ese gran mentor de la existencia cristiana que fue el Apóstol San Pablo lo expresaba justamente cuando decía que *para mí la vida es Cristo, y la muerte ganancia.*[3]

La Poesía religiosa ha intentado a veces trasmitir, en la medida en que lo permiten el lenguaje y las formas de expresión humanas, la imposibilidad para el alma enamorada de vivir sin Jesucristo, tanto en la alegría como en el dolor. Sufrimiento y dolor que se convierten en gozo cuando se experimentan juntamente con Él y en Él:

> *Sus ojos me miraron*
> *antes que el claro sol apareciera,*
> *y herido me dejaron*
> *de amor, en tal manera,*
> *que sin verlos de nuevo pereciera.*[4]

Otras veces ha intentado describir el hecho feliz de encontrar finalmente al Maestro utilizando la imagen del paso dichoso del invierno a la primavera. Para continuar luego en una búsqueda incesante, sintiendo el dolor de creer que Él no responde y que no escucha sus doloridas quejas. Hasta que por fin encuentra la paz, imaginando que se halla a su lado mientras escucha a lo lejos el lastimero canto de las aves, en metafórica alusión a los ruidos del mundo.

---

[3] Flp 1:21.
[4] *CFC*, n. 33.

Hasta aquí, envuelta y disimulada entre metáforas, una posible *explicación* de las tres estrofas que vienen a continuación y que forman un solo cuerpo. Y digo *una posible explicación* porque, como es bien sabido, el lenguaje de la poesía cobra vida propia. De tal manera que habla por su cuenta, y de ahí que a unos les sugiera una cosa y a otros ideas bien distintas. Se trata, una vez más, del misterioso duende de la Poesía, que incluso se independiza de su mismo autor y de ahí que quede como huérfano, sin padre ni madre reconocidos, que en eso, y no en otra cosa, residen su grandeza y su belleza. Si bien se puede decir que el lenguaje es *algo vivo*, nunca con mayor propiedad que aplicado a la Poesía.

> *Ya el gélido invierno su ciclo fenece,*
> *y la primavera sus flores ofrece,*
> *ya el bosque se llena de trinos y aromas*
> *y vuela la alondra del valle a las lomas.*
>
> *En pos de tus huellas fui por el sendero*
> *que del hondo valle sube hasta el otero,*
> *sufriendo de angustias porque al fin te fuiste*
> *y a mis tristes quejas no me respondiste.*
>
> *Y en las suaves tardes de la primavera,*
> *como si a tu lado de nuevo estuviera,*
> *al pie del alerce y a su tibia sombra,*
> *el lamento escucho de la triste alondra.*[5]

---

[5] *CFC*, n. 28.

E incluso el alma enamorada ha manifestado otras veces esos mismos sentimientos de manera tan simple e in-
genua como extremadamente cordial:

> *Te busqué, mas no te hallé,*
> *te llamé, mas no te oí,*
> *y cuando, al fin, te encontré,*
> *por tu amor desfallecí.*
>
> *En la oscuridad he vivido*
> *de nostalgia alimentado,*
> *y tan de amores herido*
> *que muero pues no te he hallado.*
>
> *¿Oíste al fin mis gemidos...?*
> *¿Por fin mi triste lamento,*
> *llevado en alas del viento,*
> *ha llegado a tus oídos...?*[6]

El Mundo habla constantemente de una Paz que, en
realidad, ha desaparecido por completo del horizonte de
sus propósitos. En cuanto a la Alegría..., el nuevo Catolicismo al gusto del hombre moderno, de fácil cumplimiento
ahora *para todos*, sin embargo ha perdido de vista y olvidado a sus antiguos Héroes, aquéllos que fueron hombres

---

[6] *CFC*, n. 29.

y mujeres de acciones casi míticas, rayanas en lo legendario, y a quienes los cristianos viejos admiraron y conocieron como Santos... Pero el Catolicismo neomodernista ha degradado el concepto del Amor a la condición de una evanescente *solidaridad* o bien lo ha olvidado por completo. Los partidarios de la *Nueva Iglesia*, inaugurada por el *Nuevo Pentecostés* que tuvo lugar en el comienzo del actual milenio, han olvidado el sentimiento de la Alegría de compartir la Cruz y el gozo de la inmolación por la persona amada; al mismo tiempo que se avergüenzan de las glorias pasadas de la Iglesia y que ahora tratan de enterrar, después de haber renegado de una sublime tabla de valores que encabezaban la virginidad y la santidad...

Cuando es lo cierto que la paz, lo que se dice la paz, y la Perfecta Alegría a las cuales cantaba el Santo de Asís, sólo en compañía y en la presencia de Jesucristo pueden ser halladas. Tal como lo relataba también la Poesía religiosa:

> *Y allí fueron mis penas fenecidas*
> *junto al mar que vio unidas nuestras vidas,*
> *mecido en suaves ondas, producidas*
> *por las azules aguas removidas.*[7]

---

[7] *CFC*, n. 105.

XXIV

Mi amado, las estrellas,
el mar que besan proas de mil naves,
los ojos de doncellas,
el canto de las aves,
aquello que te dije y que tú sabes.[1]

Toda relación amorosa *comienza* a través de un diálogo entre personas. Salvo en el seno de la Trinidad Divina,
donde no existen ninguna clase de comienzo, de continuación o de final. Y por eso ha sido dicho que el Hijo, que es
la Palabra del Padre, es engendrado en el *hoy* de un instante actual eterno, carente de principio, de continuación
o de final: *El Señor me ha dicho: "Tú eres mi hijo. Yo te*
he engendrado hoy".[2]

---

[1] *CFC*, n. 67.
[2] Sal 2:7.

En el ser humano no sucede del mismo modo. Pues la relación amorosa divino–humana depende efectivamente de un comienzo, expresado a través de un diálogo, no necesariamente vinculado a las palabras y destinado, en principio, a durar para siempre. Dado que la condición de *perennidad* no es firme por ahora, puesto que se encuentra sujeta a la posibilidad de perderse mientras el hombre permanece en la condición de peregrino.

Conviene advertir, sin embargo, que lo que aquí se va a decir nada tiene que ver con el amor entendido como mera relación sexual. La cual, por otra parte, aun dentro del ámbito de la legitimidad, *no es un ingrediente necesario de la relación amorosa,* pero que adquiere caracteres de gravedad cuando la relación es ilegítima o se rebaja a la condición de aberración. Conviene no olvidar que el pecado *es la realidad más contraria a un amor* con el que el pecador nada tiene ya que ver, puesto que se ha situado en el lugar más opuesto que cabe imaginar con respecto a la relación amorosa: *El que comete pecado, es del diablo, porque el diablo peca desde el principio. Para esto se manifestó el Hijo de Dios: para destruir las obras del diablo.*[3] Según Jesucristo, *todo el que comete pecado, es esclavo*

---

[3] 1 Jn 3:8.

del pecado,[4] por lo que no puede considerarse hombre enamorado, siendo como es el amor esencialmente libertad (2 Cor 3:17).

La verdadera relación amorosa supone necesariamente el diálogo. Expresado normalmente, si bien no exclusivamente, por medio de palabras, como el instrumento necesario para la comunicación y el intercambio de sentimientos entre los que se aman. En el Amor Infinito el diálogo tiene lugar mediante el *ahora* eterno de una sola Palabra, como decía San Juan de la Cruz. Mientras que en el amor creado la relación puede ser anterior a las palabras, *pero nunca al diálogo*, pues ya la simple mirada, por lo demás silenciosa, encierra la comunicación de un conjunto de sentimientos dirigidos a la persona que la ha provocado. Por eso puede decirse que, entre el amor ofrecido y el amor que responde, se ha entablado ya un misterioso diálogo, capaz de dar lugar a la relación más vinculante y entrañable de todas las imaginables entre seres racionales.

También conviene recordar que toda forma de amor existente en la creatura, ya sea meramente humano o divino–humano, responde a una relación de analogía con respecto a las relaciones existentes en el Seno de la Trinidad. Y de ahí que en toda forma de verdadero amor humano se halla necesariamente una referencia a la Trinidad Divina

---

[4] Jn 8:34.

(dejando aparte las desemejanzas y poniendo la atención, como siempre, en las semejanzas) y una prueba más de que el hombre fue creado a imagen de Dios.

De una forma o de otra, como ya se ha dicho más arriba, el modo más ordinario que adopta el diálogo amoroso tiene lugar por medio de palabras. Las cuales son causantes de gozo, tanto por parte de quien las pronuncia como por parte de quien las escucha, aunque en grado que escapa a toda posibilidad de medición. El Esposo de *El Cantar de los Cantares*, por ejemplo, expresa su regocijo al oír la voz de la Esposa, además de su deseo irrefrenable de escucharla de nuevo:

> *Ven, paloma mía,*
> *que anidas en las hendiduras de las rocas*
> *y en las grietas de las peñas escarpadas.*
> *Dame a ver tu rostro,*
> *dame a oír tu voz,*
> *pues tu voz es suave*
> *y es amable tu rostro.*[5]

Aunque no es menor el deseo de la esposa de escuchar la voz del Esposo, sin la cual (como ocurre en la forma más perfecta del amor humano, cual es el divino–humano) ella no puede vivir. Lo que coloca al verdadero discípulo

---

[5]Ca 2:14.

de Jesucristo —que ha escuchado un ofrecimiento de amor al que, por su parte, ha otorgado afirmativa respuesta— en situación de comprender que la oración es mucho más que un mero diálogo o un medio para elevar peticiones o acciones de gracias. Y así como Dios se siente ansioso de escuchar la voz de su creatura, ésta a su vez (sea consciente de ello o no) se halla hambrienta y necesitada hasta la muerte por oír la voz de Dios. Por eso dice el verso:

> *De tu vergel un ave*
> *por tu ausencia cantaba en desconsuelo;*
> *y oyó tu voz suave*
> *y, alzándose del suelo,*
> *a buscarte emprendió veloz su vuelo.*[6]

Conviene insistir en que las formas más perfectas de la relación amorosa en el hombre se encuentran exclusivamente en el amor divino–humano, en sus grados más elevados, y no en el meramente humano (bien que sea legítimo o santificado por la gracia). A lo que hay que añadir que, siendo la relación amorosa divino–humana un trasunto de la perfecta y misteriosa comunicación que ha lugar en el diálogo íntimo del *yo–tú* amoroso, se hace más fácil comprender que se trata de una relación entre dos que, sin embargo, permanece *cerrada* para todos los demás: *Al*

---

[6] *CFC*, n. 9.

vencedor le daré del maná escondido; le daré también una piedrecita blanca, y escrito en la piedrecita un nombre nuevo, que nadie conoce sino el que lo recibe.[7] Y de ahí que las palabras que intercambian entre sí Dios y la creatura sean ininteligibles para los demás e imposibles de explicar a quienes no van dirigidas. Como lo insinúa la estrofa que encabeza el tema que venimos tratando:

...aquello que te dije y que tú sabes.

San Juan de la Cruz lo anotaba bellamente en su inigualable *Cántico Espiritual*:

> *Y todos cuantos vagan,*
> *de Ti me van mil gracias refiriendo,*
> *y todos más me llagan,*
> *y déjame muriendo*
> *un no sé qué que quedan balbuciendo.*

---

[7] Ap 2:17.

XXV

Ya no os llamo siervos,
porque el siervo no sabe lo que hace su señor;
a vosotros, en cambio, os he llamado amigos,
porque todo lo que oí de mi Padre
os lo he dado a conocer.[1]

Ahora que he llegado a la edad en la que, con toda propiedad, puedo llamarme *anciano*..., no sin gran disgusto de muchos amigos que prefieren hablar de *tercera edad* (nunca he terminado de entender el temor de la gente a llamarle a las cosas por su nombre), es cuando al fin he comprendido que mi vida ha transcurrido en una continua y ansiosa búsqueda, sin yo saberlo. Y lo que es más importante, sin tampoco conocer con exactitud lo que buscaba.

---

[1] Jn 15:15.

Mucho tiempo ha debido transcurrir hasta darme cuenta de esta situación en la que me he comportado, al menos de alguna forma, como suelen hacerlo la mayoría de los hombres. Pocos de los cuales se atreven a confesar que su vida no ha pasado de ser un gran vacío al que constantemente han buscado llenar con algo..., que jamás han llegado a encontrar. Tal era mi caso, en el que tampoco faltaron las voces que me aseguraban que lo que el hombre busca siempre no es otra cosa que la Felicidad, alegando razones de las que ninguna logró jamás traer la paz a mi alma. Pues, además de que nadie llegó a explicarme lo que era la Felicidad, yo tampoco lograba encontrarla por ninguna parte.

Confundido en medio de mis preocupaciones, tampoco faltaron quienes me amonestaban amablemente para que me olvidara del problema y me dedicara a *vivir mi vida*; que era la única cosa, al parecer, realmente importante. Sin embargo, además de que nunca pude entender el significado de algo tan obtuso como lo de *vivir mi vida*, siempre acababa comprobando que, pese a lo proclamado con tanto empeño por unos y otros, a continuación todos seguían persiguiendo por su cuenta ansiosamente la Felicidad. Por lo que acabé convencido de que no ha habido hombre en toda la Historia de la Humanidad que haya renunciado a esa búsqueda. Por otra parte, siempre me ha sido difícil disipar la impresión de que nuestra generación ha hecho un pacto por el que ha aceptado vivir, con respecto al propio conocimiento, entre la ignorancia y la mentira voluntariamente asumidas y libremente aceptadas.

Y sin embargo —ahora lo entiendo con claridad—, no hay mejor manera de condenarse a no encontrar jamás la Felicidad que la de *procurarla con empeño.* Pues no es la Felicidad una realidad que se preste a ser buscada y alcanzada por sí misma, sino que es siempre la consecuencia y el resultado de la única cosa que puede originarla. Por lo que creo estar ahora en condiciones de asegurar que solamente son capaces de conseguirla *quienes se olvidan de ella por completo y dejan de buscarla.* Y en efecto, cabe preguntar, ¿qué es la Felicidad y de qué consistencia goza por sí misma?

Y la respuesta surge de modo tan sencillo como sorprendente. Pues, por lo que hace a su consistencia, realmente parece no tener ninguna por sí misma, y quizá se deba a eso el hecho de que jamás se muestra sola. Todo apunta a que ella no es sino el fruto que se desprende de la Realidad más misteriosa y sublime que existe..., y que no es otra que el amor. Lo único capaz de proporcionar la Felicidad, como cosa que se desprende necesariamente de su naturaleza. O de conducir a la Perfecta Alegría, si es que preferimos llamar a la Felicidad por otro nombre.

Pues es evidente que el alma enamorada no busca nunca la Felicidad que causa en ella la persona amada, *sino a la persona amada que le proporciona tal Felicidad*. Por lo que, como decía el gran San Agustín, *¡Oh Belleza siempre antigua y siempre nueva! ¡Cuán tarde te conocí, cuán tarde te amé!*, eso es precisamente lo que a mí se me ocurre exclamar ahora refiriéndolo al amor. La única Realidad que puede llenarlo todo, incluido el corazón de los hombres, y la única también que, según Dante, *mueve al sol y a las demás estrellas*.

De ahí el pavoroso drama de nuestro tiempo. Que habiendo dejado de creer en el amor, ha privado *de contenido y de sentido* a todo lo que existe. Pues el hombre moderno ha llegado a pensar que es capaz de explicarse a sí mismo lo que es y lo que es el mundo, sin necesidad de recurrir a Dios. Pero, como no podía ser de otra manera y dado lo limitado de su entendimiento, el resultado al que ha dado lugar es tan ridículo como desastroso.

Confieso que, ahora que he alcanzado la ancianidad, el mundo que me rodea es menos comprensible para mí que lo era el de mi juventud. Pues las corrientes de pensamiento de las que hablamos han penetrado también en la Teología de la Iglesia moderna, la cual no ha dejado de sentir pánico ante la posibilidad quedarse atrás con respecto al mundo, o de no sintonizar con él. De ahí mi asombro al contemplar que la Pastoral del *Nuevo Pentecostés* ha minimizado el alcance de su horizonte para dar paso a una Teología enana y teratológica. En la que, una vez que Dios ha quedado reducido a la medida puramente humana de un entendimiento *racional* (que no está dispuesto a admitir nada que lo exceda), ya no es posible admitir el hecho de que Dios, por puro amor, *haya querido alternar con el hombre hasta convertirlo en su amigo.* ¿Cómo va a ser capaz de admitir la *exégesis crítica y científica* moderna que ciertas expresiones de *El Cantar de los Cantares* son algo más que un lenguaje epitalámico o metafórico, del que quedarían excluidas toda intimidad y toda cercanía del Amor Divino con respecto a su creatura? Así por ejemplo:

> *Béseme con besos de su boca.*
> *Son tus amores más suaves que el vino.*[2]

Pronunciada por la esposa. O bien:

> *Ven, paloma mía...*
> *Dame a ver tu rostro, dame a oír tu voz...*[3]

---

[2]Ca 1:2.
[3]Ca 2:14.

Como exclamación de amor del Esposo dirigida a la esposa.

¿Cómo va a creer tales cosas quien no está dispuesto a reconocer lo que sólo el amor es capaz de llevar a cabo? Y de la misma manera, quien no es capaz de creer en el sacrificio, ni en la abnegación o inmolación realizadas por amor, es imposible que admita la posibilidad de que alguien sea capaz de entregar por amor su propia vida. Quizá por eso la *Nueva Pastoral* se ha sentido en la necesidad de situar al dogma, y consiguientemente al culto, en tan *razonable* situación como para poder ser entendidos por el hombre moderno. ¿Y qué tiene de extraño, según esta nueva forma de pensar del moderno Catolicismo, que cosas como la Misa hayan quedado rebajadas, desde la altura de ser un Santo Sacrificio expresivo de una Muerte por amor, al nivel de una mera y simple *comida de solidaridad y hermandad*? De ahí la tristeza de reconocer que no pocos católicos de hoy han logrado ponerse a tan baja altura como para poder ser aceptados por el mundo moderno, *aunque al precio de renunciar a ser reconocidos y aceptados por Dios.*

Más todavía. Pues dentro del ámbito del perfecto y verdadero amor del que aquí venimos hablando —el amor divino–humano, sin que por eso vayamos a excluir, aunque sea en forma de analogado, al verdadero amor puramente humano—, en su primera fase de existencia o de amor to-

davía no perfecto y consumado, sabedor el que ama que
no puede lograr el amor sino a través del sufrimiento, más
bien estaría dispuesto a acoger a este último antes que a
la Alegría. Pues lo único que importa para él es aquello
que más pronto y de forma más segura conduce hasta la
persona amada: ¿La Alegría, el sufrimiento...? ¿Y qué más
da, si lo único importante es estar junto a y con la persona amada? Por eso, bienvenido sea el dolor si en verdad
es el camino mejor, incluso hasta su consumación en la
muerte. Pues el amor busca siempre la totalidad, por lo
que no existe forma de morir que tenga más sentido que
la producida por causa del amor:

> *Sus ojos en los míos se posaron*
> *antes de que la aurora despertara,*
> *y de amor tan herido me dejaron*
> *que, si acaso de mí los apartara,*
> *mi vida en muerte pronto se trocara.*[4]

　　Dentro de la Iglesia, la Doctrina mantuvo siempre que
el último Fin del hombre es la Felicidad —la *Beatitudo*, de
la que hablaron siempre los teólogos—, a la cual llega el
hombre mediante la *contemplación saciativa de la Verdad*.
Y sin duda que es así.

---

[4] *CFC*, n. 32.

Aunque tal vez también se pueda decir que la *Beatitu-do*, mejor que el Fin último, *es en realidad el penúltimo*. Puesto que tal Felicidad Perfecta no se hace realidad para el ser humano bienaventurado *sino a través de la Pose-sión de Dios*. Pero si el concepto aquí delineado acerca del amor es verdadero y tiene sentido, validaría la conclusión de que un Dios meramente contemplado (paso primero), pero aún no poseído (paso segundo), no podría ser causa de la *Beatitudo* perfecta.

XXVI

Diálogo amoroso y silencio.

Puesto que el diálogo es parte esencial de la relación amorosa, es fácil comprender el deseo de oír y escuchar al otro por parte de cada uno de los que se aman. En cuanto a cuál de las dos voces es más importante, la cuestión carece de relevancia, puesto que ambas son igualmente necesarias para la existencia de la relación, y porque cualquiera de ellas es fuente de alegría para la otra: *En las ciudades de Judá y en las plazas de Jerusalén aún se han de oír la voz de la alegría y la voz del gozo, la voz del esposo y la voz de la esposa.*[1]

---

[1] Jer 33: 10–11.

Dios también desea ávidamente escuchar la voz de su creatura, como así lo dice por boca del Esposo en *El Cantar de los Cantares*:

> *Ven, paloma mía,*
> *que anidas en las hendiduras de las rocas,*
> *en las grietas de las peñas escarpadas.*
> *Dame a ver tu rostro, dame a oír tu voz,*
> *que tu voz es suave, y es amable tu rostro.*[2]

Y como no podía ser de otra manera, la esposa se siente ansiosa y emocionada al escuchar por fin la voz del Esposo. Pues si el diálogo es necesariamente una relación entre dos, conviene no olvidar que en el amor todo es recíproco y bilateral:

> *¡La voz de mi amado!*
> *Vedle que llega,*
> *saltando por los montes,*
> *triscando por los collados.*[3]

Con lo que queda patente, una vez más, que un pretendido Plan de Salvación, establecido por Dios de forma unilateral con respecto a su creatura sin necesidad de

---

[2]Ca 2:14.
[3]Ca 2:8.

aceptación o de respuesta por parte de ésta (*cristianismo anónimo*), no tendría sentido alguno. La relación de íntima amistad que Dios deseaba establecer con el hombre quedaría destruida y desprovista de significado: *Ya no os llamo siervos, porque el siervo no sabe lo que hace su señor; a vosotros, en cambio, os he llamado amigos.*[4] De manera que la naturaleza de la relación amorosa quedaría reducida a la nada, y cualquier tipo de vínculo que Dios quisiera establecer con el hombre *sería cualquier cosa menos una relación de amor*. La amistad requiere por definición un libre y voluntario consentimiento, establecido sobre la base de un mutuo afecto, por parte de *dos* amigos.

El diálogo de la relación amorosa divino–humana supone una comunicación intensa entre Dios y su creatura, en tal grado de intimidad como que excluye todo lo demás y reduce al silencio a cualquier cosa que pueda estorbarlo o distraerlo. Tema muy cultivado por la poesía mística, que insiste constantemente en la búsqueda de la soledad, de los lugares apartados y del silencio, unido todo ello al más completo olvido de todo lo que pueda ser extraño a la relación de amor.

Como lo intenta expresar el verso:

---

[4]Jn 15:15.

Siguiendo a los pastores
busqué donde el Amado me esperaba
oculto en los alcores.
Y al tiempo que me hablaba
el susurro del viento se escuchaba.[5]

Quienes piensan que Dios es un Ser mudo que jamás se comunica en intimidad con el hombre, es que no han sabido silenciar el ruido de las cosas circundantes. Siendo el amor la Realidad más excluyente que existe, es natural que exija un desprendimiento y olvido de todo lo demás: *Quien no renuncia a todo lo que posee, no puede ser mi discípulo.*[6] Y de ahí que el diálogo de amor divino–humano sea siempre *silencioso* y tenga lugar en soledad, absolutamente al margen de cualquier otra cosa:

Acércate a mi lado
mientras el cierzo sopla en el ejido,
y deja ya el ganado,
y cuéntame al oído
si acaso por mi amor estás herido.[7]

---

[5] *CFC*, n. 6.

[6] Lc 14:33.

[7] *CFC*, n. 59.

Así se explica que este diálogo solamente sea viable para quienes saben amar. Pues amar parcialmente, o con condiciones en las que quien pretende amar se reserva algo, son cosas que hacen imposible el amor. Con demasiada facilidad han olvidado los cristianos el precepto de amar *con todo tu corazón, con toda tu alma y con toda tu mente.*[8] Algo que casi suena a pleonasmo pues, ¿acaso es posible amar de otra manera...? Y, si bien las creaturas estarían dispuestas a admitir lo que podría ser una imitación o pseudo–amor, jamás Dios, que es Suma Verdad e Infinito Amor, aceptaría tal cosa.

La realidad, sin embargo, se impone por medio de las cosas que solicitan al hombre insistentemente hasta atraerlo y, con no poca frecuencia, cautivarlo. Lo cual Dios en su Bondad ha sabido tener en cuenta, por lo que ha moderado el poder seductor de lo creado a límites compatibles con las capacidades humanas. Hasta el punto de que, cuando la ocasión lo demanda, suele imponer cierto silencio a las cosas, tal como se dice en el Libro de *El Cantar*:

---

[8]Mt 22:37.

> *Os conjuro, hijas de Jerusalén,*
> *por las gacelas y las cabras monteses,*
> *que no despertéis ni inquietéis a mi amada*
> *hasta que a ella le plazca.*[9]

Y siempre contando una vez más, como exige la naturaleza de las cosas, con la colaboración y consentimiento humanos, sin los que no habría relación amorosa posible. Pues, tanto el ofrecimiento amoroso como su aceptación requieren ser pronunciados en libertad, y de ahí que en su preocupación y cuidado por la esposa, el Esposo añada en el Poema la petición final *hasta que a ella le plazca.*

Con lo que de nuevo, como puede verse, queda descartado el *cristianismo anónimo.* Una expresión que por sí misma supone una manipulación del hecho amoroso, el cual jamás admite anonimatos y sí solamente nombres propios, como relación que es de persona a persona: *Yo te llamé por tu nombre.*[10] No en balde Jesucristo hace anteceder el nombre a la pregunta, dirigida a San Pedro, acerca de si lo amaba más que los demás: *Simón, hijo de Juan, ¿me amas más que éstos?*[11]

---

[9]Ca 3:5.

[10]Is 45:3.

[11]Jn 21:15.

Una de las operaciones más absurdas procedente del Padre de la Mentira consiste en introducir la idea de lo *anónimo* en el concepto del amor. El cual es siempre una relación de persona a persona en la más completa libertad, según un íntimo conocimiento mutuo en el que prima el más entrañable *tú a tú*. Que por eso Jesucristo desterró para siempre del amor la relación *señor–siervo* para sustituirla por la de *amigos* (Jn 15:15). El diálogo amoroso requiere la entrega y rendición mutua en total intimidad por parte de los que se aman, lo que hace impensable el desconocimiento personal que implicaría el *anonimato*:

> *Allí, junto al Amado*
> *mientras soplaba el cierzo en el ejido,*
> *a fuer de enamorado*
> *me susurró al oído*
> *que también por mi amor estaba herido.*[12]

---

[12] *CFC*, n. 55.

XXVII

Es la voz del Esposo
como la huidiza estela de una nave,
como aire rumoroso,
como susurro suave,
como el vuelo nocturno de algún ave.[1]

La esposa de *El Cantar de los Cantares* exclamaba
entusiasmada al oír la voz del Esposo:

¡La voz de mi amado! Vedle que llega
saltando por los montes,
triscando por los collados.
Es mi amado como la gacela o el cervatillo.

---

[1] *CFC*, n. 75.

Vedle que está ya detrás de nuestros muros,
mirando por las ventanas,
atisbando por entre las celosías.
Oíd que me dice...[2]

Pues, ¿qué otra cosa puede desear una esposa enamorada sino oír la voz del Esposo? *Las palabras que os he*
hablado son espíritu y son vida...[3] *Si permanecéis en mí y*
mis palabras permanecen en vosotros, pedid lo que queráis
y se os concederá.[4] He ahí la voz que es para ella la razón
de su vida, y de ahí su ardiente anhelo por escucharla en
todo momento, ya de noche, ya de día, ya sea en estado
de vigilia o incluso durante el sueño:

Yo duermo, pero mi corazón vigila.
Es la voz del amado que me llama.[5]

Nada puede desear más ardientemente un alma enamorada que oír la voz de Dios. Ante la que cobran nuevo
sentido los sufrimientos, y con la que se desvanece como
el humo lo negativo que puedan ofrecer las pruebas y penalidades de esta vida:

---

[2]Ca 2: 8–10.

[3]Jn 6:63.

[4]Jn 15:7.

[5]Ca 5:2.

De tu vergel un ave
por tu ausencia cantaba en desconsuelo;
y oyó tu voz suave,
y, alzándose del suelo,
a buscarte emprendió veloz su vuelo.[6]

Y como en el amor, según siempre hemos dicho, todo es bilateral y recíproco, nada desea más el Esposo de *El Cantar de los Cantares* que oír la voz de la esposa:

Ven, paloma mía,
que anidas en las hendiduras de las rocas,
en las grietas de las peñas escarpadas.
Dame a ver tu rostro, dame a oír tu voz,
que tu voz es suave, y es amable tu rostro.[7]

Aunque las palabras de Jesucristo, como hemos visto antes, son espíritu y vida, aquéllos a quienes iban destinadas optaron en su mayoría por endurecer su corazón y no escucharlas. La *Carta a los Hebreos* lo señala, refiriéndose a un hecho concreto pero que en realidad vale para todos y para todos los tiempos: *Por eso, como dice el Espíritu*

---

[6] *CFC*, n. 9.
[7] Ca 2:14.

Santo: Si hoy escucháis su voz, no endurezcáis vuestros corazones, como sucedió en la rebelión...[8] El mismo Jesucristo se quejaba con dolor de la actitud de los hombres: *Si os digo la verdad, ¿por qué no me creéis?* Y añadía una aclaración que explicaba esa forma de conducta: *El que es de Dios escucha las palabras de Dios; por eso vosotros no las escucháis, porque no sois de Dios.*[9]

Es por eso por lo que, en esta época de profunda crisis que se abate sobre la Iglesia —la más grave que ha padecido a lo largo de su Historia—, es cuando las palabras del Evangelio de San Juan han adquirido su mayor relieve: *Vino a los suyos, pero los suyos no le recibieron.*[10] En realidad es la misma crisis la causa de que, en la actualidad, apenas si en parte alguna los cristianos encuentren oportunidad de escuchar la Palabra de Dios, *pues nunca como ahora ha estado el mundo católico tan ayuno de las enseñanzas de Dios.* Afirmación que, por dura que parezca, vale para cualquier nivel de la actividad Pastoral de la Iglesia. Como si fueran de ahora las palabras de San Pablo, pronunciadas en alusión al profeta Isaías en una situación que, sin embargo, era menos grave que la actual: *Pero no*

---

[8] Heb 3: 7–8.

[9] Jn 8: 46–47.

[10] Jn 1:11.

todos obedecen al Evangelio. Pues, como dice Isaías: "Se-
ñor, ¿quién creyó nuestro anuncio?" [11]

Aunque, como siempre suele suceder, habrá quien piense que lo dicho no pasa de ser una opinión personal, muy
exagerada y fuera de lugar. Pues jamás se ha predicado
tanto como ahora ni se ha visto una tan prolífica actividad
pastoral: sermones, discursos, declaraciones, documentos,
libros y conferencias de Obispos y teólogos afamados aprovechando las técnicas de todos los medios de difusión... Todo ello desarrollado en un ambiente rebosante de supuesta
religiosidad en el que hasta los laicos (hombres y mujeres),
además de las monjas, se han convertido en predicadores.

Todo lo cual es cierto. El problema surge, y hasta se
convierte en grave, cuando se atiende al contenido *doc-*
trinal de esas predicaciones. Puesto que, además de no
hablar de nada sólido (en el más benigno de los casos),
se cumplen en ellas casi siempre las palabras del Apóstol
San Juan: *Ellos son del mundo; por eso hablan según el*
mundo, y el mundo los escucha. [12]

Por otra parte, también es de notar que existe ahora en
la Iglesia, como en los primeros tiempos de su Historia, un
auge de Movimientos que parecen gozar de gran proximi-

---

[11] Ro 10:16.
[12] 1 Jn 4:5.

dad con el Espíritu Santo y profunda afinidad con sus carismas —pentecontalistas, carismáticos, catecumenales...—. Lo que induce a pensar en el renacer de una nueva y potente espiritualidad cuya fuente no es otra que el Espíritu.

Todo lo cual también es cierto. Sin embargo, cuando el problema es examinado despacio y serenamente, no parece injustificada la siguiente pregunta: hasta el momento presente, ¿qué *garantías de seguridad* posee el conjunto del Pueblo cristiano de que tales impulsos e inspiraciones proceden realmente del Espíritu?

XXVIII

El Gran Desconocido.

En la *Nueva Religión* puesta en marcha por la Pastoral postconciliar, con la que se pretende llevar a cabo una *Nueva Evangelización*, han surgido diversos *Movimientos* (conocidos, por lo general, con el nombre genérico de *carismáticos*) que son poseedores, según afirmación propia, de multitud de carismas recibidos con profusión de manos del Espíritu y que son manejados por ellos a voluntad. Cosa normal si se considera que, según las enseñanzas del Papa Juan Pablo II, la Iglesia se ha visto favorecida, a la entrada del tercer milenio, con un *Nuevo Pentecostés* que la ha inundado con una lluvia de dones.

Como método de aproximación al tema, prescindamos de la preocupación de algunos ante la aparición de tantas

Novedades en una Iglesia que, por paradoja, siempre se ha considerado a Sí misma como tradicional e inmutable, desde que quedó cerrada oficialmente la Revelación con la muerte del último Apóstol.

Los Movimientos carismáticos, por lo general, hacen alarde de una forma de relación que induce a pensar que el Espíritu se encuentra pronto a secundar a cualquiera que lo interpele y a otorgar lo que se le pida. Algo así como para evocar el recuerdo de la prontitud y automática exactitud de ciertos artilugios, como los que funcionan conforme al conocido lema de *sírvase usted mismo* y un manejo de botones.

Pero resulta difícil admitir que esa forma de imaginar el Espíritu y sus procedimientos tenga algo que ver con la realidad. La recta Doctrina siempre ha considerado al Espíritu como que es lo más íntimo y como el mismo *corazón* de Dios: Desconocido, infinitamente delicado y sutil, misterioso e inasible y a quien se *atribuye* el *Amor* en Dios. Es además Soberana e Infinita Libertad —*Donde está el Espíritu del Señor, allí está la libertad*—.[1] Y, en cuanto a su voz..., ni siquiera el hecho de considerarla como un susurro inaprensible, maravilloso e inefable, capaz de inducir a alguien en la Alegría Perfecta y en la Completa Verdad,

---

[1] 2 Cor 3:17.

equivaldría a decir algo que se acercara mínimamente a la explicación de lo que realmente es.

Según Jesucristo, *el Espíritu sopla donde quiere y oyes su voz, pero no sabes de dónde viene ni adónde va.*[2] Pero si ya el amor es un Misterio inexplicable, ¿qué decir de Quien se supone que es el *Corazón* del Amor Infinito? ¿Acaso no fue correcta la intuición de los Padres de la Iglesia cuando lo llamaron *El Gran Desconocido*? Por otra parte, siendo el Amor soberanamente libre por naturaleza, ¿cómo puede alguien pensar que tiene a su disposición a Quien es la Voz misma de Dios, que habla a quien quiere y cuando quiere, sin que nunca pueda saberse *ni de dónde viene ni adónde va*? Pues si el hombre en su estadio terreno jamás puede llegar a comprender el alcance del amor, *¿cómo logrará hacerlo con el Amor divino, del que nunca se sabe de dónde viene ni adónde es capaz de llegar?*

Jesucristo, que es la Palabra del Padre, ha sido escuchado claramente por los hombres. Pero en cuanto al Espíritu, si bien es verdad que es *la Voz de Dios* y se le oye (pero oír no es lo mismo que escuchar o entender), solamente lo comprenden quienes viven dentro del ámbito del Amor y de la Verdad: *El Espíritu de la Verdad, al que el mundo no puede recibir porque no lo ve ni lo conoce; vo-*

---

[2] Jn 3:8.

sotros lo conocéis porque permanece a vuestro lado y está en vosotros, decía Jesucristo a sus Apóstoles en la Noche de la Despedida.[3] Solamente la Iglesia, cuando ejerce su prerrogativa de enseñar oficialmente en funciones de Magisterio infalible y según las condiciones requeridas, puede imponer la verdad como que habla siguiendo la inspiración emanada del Espíritu.

Aparte de esa circunstancia excepcional, quien pretenda que puede escuchar a voluntad la Voz de Quien es el mismo Amor (algo así como quien oye las palabras de un instrumento mecánico con sólo introducir unas monedas), o disponer de sus dones, es porque carece de toda idea de lo que es el Amor: *el amigo del Esposo, que le acompaña y le oye, se alegra grandemente al oír la voz del Esposo*, decía Juan el Bautista.[4] Pero en él se trataba del *amigo del Esposo*, y además *le acompañaba y estaba con Él*. Sin embargo, aparte del mismo Precursor, ¿quién se atreverá a presumir que es amigo del Esposo y que le sigue con fidelidad?

Según lo cual, ¿quién puede entonces escuchar su voz...? Tal como hemos visto antes y según el mismo Espíritu, aquéllos que permanecen a su lado y en los cuales está (Jn 14:17). O para decirlo brevemente: escuchan su Voz

---

[3] Jn 14:17.
[4] Jn 3:29.

sólo y exclusivamente quienes están verdaderamente enamorados de Dios.

La audición de la Voz de Dios, como la comprensión y
posesión del verdadero Amor, no es tarea equivalente a la
de recoger manzanas cuando así lo decide la voluntad de
alguien. Pues se trata de algo que, como hemos dicho ya,
está vetado para el Mundo. La misma esposa de *El Cantar
de los Cantares*, por ejemplo, confiesa su angustia ante la
dificultad por encontrar al amado de su alma, mientras
que suspira por conseguirlo:

> *Dime tú, amado de mi alma,*
> *dónde pastoreas, dónde sesteas al mediodía,*
> *no venga yo a extraviarme*
> *tras de los rebaños de tus compañeros.*[5]

Solamente de manera indirecta, y mediante el estudio
a posteriori de los frutos producidos, podría quizá el ser
humano llegar a un *probable* convencimiento de que se trata de la Voz del Espíritu. No todo el que dice que sigue
sus impulsos puede alardear de estar en lo cierto. Después
de vistos los resultados, por ejemplo, tanto durante su ce-
lebración como después del Concilio Vaticano II, resulta
difícil creer las palabras del Papa Juan XXIII respecto a

---

[5]Ca 1:7.

que su convocatoria le había sido inspirada por el Espíritu Santo.

La verdad es que el Mundo es absolutamente incapaz de entender el verdadero Amor. Quienes permanecen en los límites del amor meramente humano, o menos todavía, quienes confunden el amor con el mero ejercicio del sexo, se encuentran muy lejos de comprender lo que significa ese *susurro* misterioso e insinuante que, sin necesidad de utilizar palabras, habla y dice más que todos los sonidos y lenguajes del mundo, además de suscitar sentimientos inimaginables e inexplicables de por sí para el corazón humano, de no mediar la ayuda de lo Alto. Y lo hace mediante una forma de expresarse que sólo entienden los verdaderos enamorados y en la que, pese a todo, jamás llega a desplegar sus infinitas posibilidades; no ya en lo que se refiere al mero amor humano por puro que sea, sino incluso en lo que constituye el inmenso don del amor divino–humano:

> *Los mares sosegados*
> *en ondas azuladas y serenas,*
> *los ecos apagados*
> *de cantos de sirenas*
> *un susurro de amor que se oye apenas.*[6]

---

[6] *CFC*, n. 44.

RECAPITULACIÓN

Y dando la labor por acabada
aun ni siquiera en ciernes comenzada,
el bardo enmudeció con gran tristeza:
¿Quién osará cantar a la Belleza...?
Y fuese al fin, en marcha apresurada,
dejando atrás su péñola olvidada.[1]

Rara vez una obra de arte deja satisfecho a su autor. A Miguel Ángel, por ejemplo, le parecía que a su *Moisés* todavía le faltaba el habla. Sin embargo, alguna vez la obra necesariamente debe darse por *acabada*, aunque no es probable que el artista considere que el resultado es un *fiel* trasunto de lo que había en su mente.

Lo cual es aún más cierto cuando se trata de la vida humana. Muy pocos hombres se habrán encontrado en

---

[1] *CFC*, n. 124.

condiciones de decir, al final de su existencia, que han vivido en plenitud una verdadera vida. Jesucristo es el Hombre que con mayor verdad pudo decir desde la cruz, antes de exhalar el último aliento, que *todo está consumado.*[2] Y San Pablo, por su parte, refiriéndose al final de su andadura terrena, se atrevió a asegurar que *he peleado un buen combate, he alcanzado la meta, he guardado la fe.*[3]

Pero sea como fuere, para el común de los hombres el final de la vida marca el momento de un agudo abatimiento, surgido del convencimiento de que la labor que debía haber sido hecha *apenas si ha quedado comenzada*; y aun eso en el mejor de los casos. Lo realizado —si es que algo ha sido realizado— queda muy lejos del cumplimiento de la tarea que se supone había sido encomendada al comienzo de la existencia; pues la cima que tenía que haber sido conquistada, apenas si queda *columbrada*, cubierta de nieves perpetuas y coronada de densos nubarrones que apenas si permiten vislumbrarla en la lejanía.

No hay lugar, sin embargo, para el desaliento puesto que Dios ya contaba con nuestra limitación: *No temáis, pequeño rebaño, porque vuestro Padre ha tenido a bien daros el Reino.*[4] Solamente se requiere el *reconocimiento*

---

[2] Jn 19:30.

[3] 2 Tim 4:7.

[4] Lc 12:32.

humilde de que *todo es gracia*, como decía Bernanos,[5] y la plena aceptación de las palabras de Jesucristo según las cuales *sin mí no podéis hacer nada.*[6]

Por otra parte, es normal que Dios proponga al hombre objetivos al parecer imposibles de realizar, dada su condición de creatura, como puede comprobarse, por ejemplo, en la conocida sentencia de Jesucristo: *Sed perfectos como vuestro Padre celestial es perfecto.*[7] Pero que, sin embargo, le sirven de guía y de faro orientador que ilumina el camino de su existencia. Pues todo indica que un destino, propuesto como meta a una creatura cuyo fin es la Vida Eterna, es más deseable cuando se muestra como inalcanzable y arduo, mejor que si parece demasiado corto y fácil e inapropiado, por lo tanto, para quien está llamado a compartir la gloria de la vida divina.

Pero es Dios mismo quien, una vez ha quedado patente la menudencia de la obra humana, puntualiza su postura al respecto: *Muy bien, siervo bueno y fiel; porque has sido fiel en lo poco...*[8] Donde el Amo reconoce que el siervo *ha sido fiel en lo poco*, lo cual no le impide llamarlo *bueno y*

---

[5] Georges Bernanos, *Diario de un Cura Rural*, Epílogo, *in fine.*
[6] Jn 15:5.
[7] Mt 5:48.
[8] Mt 25: 21.23; Lc 19:17.

fiel y asegurarle su recompensa: *Yo te constituiré sobre lo mucho: entra en el gozo de tu Señor.*

De la lectura de este texto se desprende una doble constancia. Para comprender la cual, como ocurre en tantos lugares de la Escritura, es necesario leerlo con atención y deducir consecuencias:

En primer lugar, queda patente la insignificancia de la obra humana, sea cual sea la tarea a realizar o ya realizada. Lo cual es normal si se considera que la meta final está situada en lo infinito: *Sed perfectos como vuestro Padre celestial es perfecto.* Pues la pequeñez humana llenaría de consternación a cualquiera que piense libre de prejuicios, como se dice en el Libro de Job: *¿Qué es el hombre para que le hagas tanto caso y pongas en él tanta atención?;*[9] o como queda rubricado en los Salmos: *¿Qué es el hombre para que te acuerdes de él y el hijo de Adán para que te cuides de él?*[10] En realidad siempre cabe pensar, con respecto a cualquier cosa que el hombre haga, por transcendente que parezca y partiendo siempre del supuesto de que obra con rectitud, que solamente ha sido fiel *en lo poco.* Por lo que no es extraño que existan ocasiones en las que, asaltado por el sentimiento de su propia Nada, se angustie

---

[9] Jb 7:17.
[10] Sal 8:5.

hasta creer que no va a poder encontrar a Dios por parte alguna:

> *Subí hasta las estrellas*
> *en busca de vestigios de tus huellas,*
> *por si encontraba alguna*
> *caminando hacia el Sol, desde la Luna.*[11]

Conviene insistir en que el hombre del que aquí se habla es un siervo *bueno y fiel*, como el texto reconoce expresamente. Por lo que en la problemática aquí contemplada se excluye cualquier especie de mala voluntad así como el rechazo del ofrecimiento amoroso recibido de Dios.

De todos modos, aun contado con la buena voluntad de la creatura, la pequeñez de su obra no pasa de ser insignificante: *Porque has sido fiel en lo poco...* Y sin embargo, ahí está la base sobre la que se fundamenta la grandeza de la situación establecida, como vamos a ver enseguida.

Dicho lo cual, ya podemos comprobar que la segunda constatación que se desprende del texto es consoladora.

En ella aparece de nuevo la paradoja de la existencia cristiana. Puesto que pone de manifiesto la gran distancia que media de lo minúsculo a lo grandioso, de lo finito a lo infinito, de las posibilidades del hombre a la magnificencia

---

[11] *CFC*, n. 7.

de un Dios que es capaz de salvar una infinita distancia...,
a fin de demostrar total Amor a su creatura y poder ser
correspondido por ella de la misma manera.

Pues la pequeñez de la creatura no ha supuesto obs-
táculo para que Dios derrame sobre ella la fuerza de su
Amor y la largueza de su generosidad: *Yo te constitui-*
ré sobre lo mucho; entra en el gozo de tu Señor. Y es
que, una vez más *la fuerza se perfecciona en la flaqueza,*[12]
mientras que la grandeza y la magnificencia divinas acaban con la pequeñez e insignificancia humanas. El Libro
de los Salmos, por ejemplo, después de asegurar que la
creatura humana no parece merecer por sí misma tanta
atención por parte de Dios, según hemos comprobado más
arriba, añade a continuación:

> *Lo has hecho poco menor que los ángeles,*
> *le has coronado de gloria y honor.*
> *Le das el mando sobre las obras de tus manos.*
> *Todo lo has puesto bajo sus pies:*
> *ovejas y bueyes,*
> *bestias del campo,*
> *las aves del cielo y los peces del mar.*[13]

---

[12]2 Cor 12:9.
[13]Sal 8: 6–9.

Y puesto que la relación amorosa divino–humana se rige por las reglas de la reciprocidad y de la bilateralidad, como sucede en toda verdadera relación de amor, la condición de *igualdad*, que corresponde a toda verdadera relación amorosa, se hace aquí patente a través de la nota de la *totalidad*. Según la cual ambas partes se entregan mutuamente todo lo que son y todo lo que poseen, como consecuencia de que se aman en el mismo y con el mismo Amor. También, pues, en ese punto de la relación divino–humana la creatura se *equipara* a su Señor, una vez que ambos se entregan en completa *totalidad*: un Amor infinito que se ofrece *por entero*, frente a un amor finito pero que también se entrega *por entero*.

Esta teoría de la *equiparación* o de la perfecta *igualdad* en la relación amorosa, tal como lo requieren las leyes del perfecto Amor, se expone con amplitud y detalle en la doctrina de San Juan de la Cruz:

Y porque en esta divina sabiduría que hace el alma a Dios, le da al Espíritu Santo como cosa suya con entrega voluntaria, para que en Él se ame como Él se merece, tiene el alma inestimable deleite y fruición, porque ve que da ella a Dios cosa suya propia que cuadra a Dios según su infinito ser. Que aunque es verdad que el alma no puede de nuevo dar al mismo Dios a Sí mismo, pues Él en sí siempre se es el mismo, pero el alma de suyo perfecta y verdaderamente lo hace, dando todo lo que Él le había dado para pagar el amor, que es dar tanto como le dan; y Dios se paga con aquella dádiva del alma —que con menos no se pagaría—; y la toma Dios con agradecimiento, como cosa que de suyo le da el alma, y en esa misma dádiva ama el alma también como de nuevo, y así, entre Dios y el alma, está actualmente formado un amor recíproco en conformidad con la unión y entrega matrimonial, en que los bienes de entrambos, que son la divina esencia, poseyéndolos cada uno libremente por razón de la entrega voluntaria del uno al otro, los poseen entrambos juntos, diciendo el uno al otro lo que el Hijo de Dios dijo al Padre por San Juan (17:10), a saber: "Todo lo mío es tuyo, y lo tuyo mío, y he sido glorificado en ellos".[14]

Conviene recordar aquí dos puntos importantes y hasta fundamentales. El primero se refiere a que nos encontramos dentro del ámbito de la misteriosa realidad que es el Amor; en el que, una vez más, sucede lo que nunca pudo ser imaginado por una mente creada. El segundo tiene que ver con que el tema del que estamos hablando depende enteramente de la gracia, sin la que nada de lo aquí dicho gozaría de efectividad alguna.

Dios quiso que la relación amorosa divino–humana se desenvolviera según las reglas de una verdadera y perfecta relación de amor. En ella sucede que *todo* lo que es de uno pasa a ser del otro, según una perfecta reciprocidad que hace realidad lo que en *El Cantar de los Cantares* decía la esposa: *Mi Amado es para mí y yo soy para mi*

---

[14]San Juan de la Cruz, *Llama de Amor Viva*, III, 79.

Amado,[15] que a su vez no es sino un eco del conocido lema amoroso *todo lo mío es tuyo, y lo tuyo, mío*. Con lo que se crea una situación —que sólo el Amor puede hacer posible— en la que, permaneciendo intacta la personalidad de cada una de las partes, todo lo que *entrega y recibe* una de ellas es recíprocamente *recibido y entregado* por la otra, desapareciendo así todo indicio de desigualdad en la relación: *Ya no os llamo siervos... A vosotros, en cambio, os he llamado amigos*.[16]

La doctrina quedó definitivamente establecida por Jesucristo en el Sermón de la Última Cena: *Les he dado a conocer tu nombre* [¡oh Padre!] *y lo daré a conocer, para que el amor con que Tú me amaste esté en ellos y Yo en ellos...*[17] *Yo les he dado la gloria que Tú me diste para que sean uno, como nosotros somos uno. Yo en ellos, y Tú en mí para que sean consumados en la unidad...*[18] *Que todos sean uno, como Tú, Padre, en mí y Yo en Ti, para que así ellos estén en nosotros*.[19]

---

[15] Ca 2:16.

[16] Jn 15:15.

[17] Jn 17:26.

[18] Jn 17: 22–23.

[19] Jn 17:21.

De manera que el Amor de Dios se vuelca en el hombre *por medio del Espíritu Santo que nos ha sido dado.*[20] Y puesto que es el mismo Espíritu Santo por el cual y en el cual el hombre ama a Dios, queda establecido un perfecto *nexo* entre ambos.[21] De ahí se desprende que, puesto que Dios y el hombre se entregan mutuamente en la unión a la que ha dado lugar el Espíritu Santo —*para que el Amor con que me has amado, ¡oh Padre!, esté en ellos y Yo en ellos*—, queda determinada la situación de *igualdad* entre ambos en el Amor: Dios ama al hombre en el Espíritu Santo y el hombre le corresponde a través del mismo Espíritu. Quien, de este modo, es *espirado* por ambos conjuntamente, como afirmaba San Juan de la Cruz en sus comentarios en prosa a su poesía. Y al mismo tiempo, la constante *actualidad* de la mutua entrega, hace posible que la relación se mantenga como tal e intacta en una situación mutua de ofrecimiento–recepción que, a su vez, como una de las características que corresponden al Amor perfecto, está destinada a la perennidad.

La distancia infinita entre lo Eterno y lo perecedero, entre lo Necesario y lo contingente, entre la Suma Perfec-

---

[20]Ro 5:5.

[21]Los Padres consideraban también al Espíritu Santo como *nexus duorum*, refiriéndolo al Seno de la Trinidad. La expresión también tiene aplicación aquí, aunque teniendo en cuenta la analogía.

ción y lo imperfecto, ha quedado salvada y eliminada para siempre, puesto que ahora el hombre es algo más que amigo de Dios, desde el momento en que le ha sido concedido ser partícipe de la Divina Naturaleza (2 Pe 1:4).

San Juan de la Cruz, como hemos indicado más arriba, en referencia al Espíritu Santo habla de una mutua *espiración* por parte de Dios y del hombre, en lo que respecta a su presencia en el alma. Lo que no debe sorprender si se piensa que el amor es siempre cosa de dos: de Dios y del hombre en este caso. Así es como se configura un recíproco ofrecimiento–recepción por dos que mutuamente se aman; hasta producir aquí, según el Santo, una verdadera *transformación* del alma en Dios e incluso en las tres Personas de la Santísima Trinidad:

Este aspirar del aire es una habilidad que el alma dice que le dará Dios allí, en la comunicación del Espíritu Santo; el cual, a manera de aspirar, con aquella su inspiración divina, muy subidamente levanta el alma y la informa y habilita para que ella aspire en Dios la misma aspiración de amor que el Padre aspira en el Hijo, y el Hijo en el Padre, que es el mismo Espíritu Santo que a ella le aspira en el Padre y el Hijo en la dicha transformación, para unirla consigo. Porque no sería verdadera y total transformación si no se transformase el alma en las tres Personas de la Santísima Trinidad, en revelado y manifiesto grado. Y esta tal aspiración del Espíritu Santo en el alma, con que Dios la transforma en Sí, le es a ella de tan subido y delicado y profundo deleite, que no hay decirlo por lengua mortal, ni el entendimiento humano, en cuanto tal, puede alcanzar algo de ello; porque aun lo que en esta

transformación temporal pasa acerca de esta comunicación en el alma,
no se puede hablar. Porque el alma, unida y transformada en Dios,
aspira en Dios a Dios la misma aspiración divina, que Dios, estando
ella en Él transformada, aspira en Sí mismo a ella.[22]

Sin embargo, con respecto a la *transformación* del alma en Dios de la que habla el Santo, conviene advertir que quizá la expresión no sea demasiado afortunada. Por supuesto que el Santo siempre insiste claramente, a través de toda su doctrina, en la sustancial y permanente distinción entre Dios y el alma; por lo que sería injusto y disparatado atribuirle, de algún modo, la doctrina contraria.

Por lo que el problema es, sobre todo, una cuestión de lenguaje. Dado que el vocablo *transformación* posee un significado ambivalente que puede no coincidir con el que el Santo le atribuía en su lenguaje del siglo XVI, ya que lo mismo puede significar un simple *cambio de aspecto* que un profundo *cambio sustancial.* Con el consiguiente peligro de suscitar ideas panteísticas.

Dejando aparte el problema metafísico acerca de la imposibilidad de que una persona se transforme en otra, en realidad la creatura que ama no querría *transformarse* en la persona amada. El supuesto es tan absurdo que su mero enunciado ya es rechazado por el que ama, consciente o in-

---

[22]San Juan de la Cruz, *Cántico Espiritual,* XXXIX, 3.

conscientemente. Sucede en la relación amorosa que el otro siempre es amado como *otro*, contemplado como *otro* y deseado como *otro*. Alguien que atrae y seduce como persona completamente *distinta* al que ama; de tal manera que, si en algún momento dejara de ser el *otro*, desaparecería en el acto una relación amorosa que siempre se fundamenta en la oposición del *yo–tú*. Por otra parte, sería imposible el dar y el recibir si no existen un *uno* y un *otro* como seres y personas diferentes y distintas. De ahí que el *yo* amante siempre piensa en el *tú* amado como alguien contrapuesto a sí mismo, con el que llevar a cabo un *diálogo* amoroso que, de otra forma, sería un mero *monólogo* que conduciría a un absurdo narcisismo.

Debe ser excluida, por lo tanto, cualquier idea que pueda inducir a pensar en la *transformación* de una persona en otra o en la *fusión* de ambas en una sola. Con lo cual queda pendiente la pregunta acerca del exacto significado de la mutua *identificación* de los amantes o de la recíproca posesión del uno por el otro. ¿Qué significan, en realidad, las palabras de la esposa en *El Cantar de los Cantares* cuando dice que *Mi amado es para mí y yo soy para él*?[23] ¿O las de Jesucristo en las que afirma que *Quien come mi carne y bebe mi sangre permanece en mí, y Yo en él. Igual*

---

[23]Ca 2:16.

que el Padre que me envió vive, y Yo vivo por el Padre,
así, aquél que me come vivirá por mí?[24]

La contestación a estas preguntas supondría adentrarse en la esencia del profundo Misterio del Amor. Por lo que no cabe hacer otra cosa que proceder mediante exclusiones y aproximaciones, dado que estamos ante uno de esos misterios que son más fácilmente intuidos que explicados.

Decir, por ejemplo, que todo queda reducido a un intercambio de sentimientos, como una posible solución, no explica una realidad que va mucho más allá y es bastante más compleja. Como tampoco se resuelve la cuestión acudiendo a la teoría de la propiedad, o poder de disposición, de cada uno de los amantes con respecto al otro; en la que el problema, además de no quedar zanjado, plantea otras nuevas y más sutiles preguntas. Y así sucesivamente.

Quizá pueda servir, como elemento de reflexión y de estudio, el texto de San Pablo en Ga 2:20: *Vivo yo, pero ya no vivo yo, sino que es Cristo quien vive en mí.*

En el que el Apóstol comienza diciendo que, en su relación con Cristo, es y permanece él mismo y no otro, asegurando por lo tanto su identidad personal irrenunciable —*vivo yo*—. Para continuar con algo que parece una contradicción —*pero ya no vivo yo*—. En esta segunda

---

[24]Jn 6: 56–57.

frase, la conjunción adversativa *pero* indudablemente significa que se aporta un giro fundamental a la anterior, en la que San Pablo afirmaba la identidad de su propio yo. Aunque el nuevo matiz no puede ser, sin embargo, una negación del primero, lo que significaría hacer gala de una contradicción que no tendría sentido alguno. El puente lógico de unión entre ambas y la respuesta están, sin duda alguna, en la tercera frase —*sino que es Cristo quien vive en mí*—..., en la que sin embargo el misterio permanece, a falta de una respuesta plenamente satisfactoria, ya que, en realidad, ¿qué significa la afirmación de que *es Cristo quien vive en mí*?

Quizá sea necesario aceptar la idea de que San Pablo no fue más explícito por la sencilla razón de que no podía hacer otra cosa. Todos los misterios están limitados para el ser humano por un umbral, más allá del cual no se puede pasar. No obstante gozan de sentido, en cuanto que *inducen* ideas que realizan una función adecuada, suficiente por ahora en la presente vida pero que es necesaria e imprescindible y que, de todos modos, conducirá a la plena comprensión de todo en la otra: *Cuando aparezca lo perfecto, desaparecerá lo imperfecto*.[25]

---

[25] 1 Cor 13:10.

Pero entonces, ¿cabe decir todavía que la frase *es Cristo quien vive en mí* tiene algún sentido para el entendimiento humano? Necesariamente ha de tenerlo, pues otra cosa sería admitir que el Apóstol habló sin ánimo de decir nada, lo que equivaldría sencillamente al absurdo de hablar por hablar.

Quizá sea posible pensar, aun partiendo de la base de mantener el respeto al ámbito del misterio, que si bien no es posible admitir lo que sería una fusión de personas, sí que se puede aceptar en cambio una identificación de vidas o, si se quiere, de voluntades. En este sentido, San Pablo estaría afirmando que *la vida de Cristo es ahora su propia vida*, la cual él libremente ha trocado por la Cristo. Dicho de otra manera, *ha hecho suyos los sentimientos, pensamientos y la voluntad de Cristo*, que son los que ahora rigen su existencia. Lo cual hace sin haber renunciado a su propia voluntad y manteniendo la integridad de su personalidad, puesto que *lo que él quiere ahora* es hacer en todo la voluntad de Cristo, y en modo alguno desearía otra cosa. Lo que no quiere decir que se haya dado lugar a una fusión de voluntades, que es cosa que anularía la personalidad y haría imposible la relación amorosa. Sino que es más bien una identificación de voluntades a través de la cual el Apóstol ha querido *y sigue queriendo ahora y en todo momento* no hacer otra cosa sino la voluntad de

Cristo, de tal manera que podría hablarse de un instante *constantemente actualizado* según el cual él *quiere y desea justamente lo que Cristo quiere y desea.* Con lo que el círculo del perfecto Amor se cierra en la reciprocidad, puesto que *también Cristo quiere y desea lo mismo que su Apóstol.* Y así sucede que él, lejos de haber abdicado de su voluntad y libertad, o de haber renunciado a ellas, se encuentra más bien en el punto más opuesto, puesto que ahora quiere y desea con tan grande intensidad y tan profunda libertad como jamás antes lo había hecho.

Parece, no obstante, que se podría objetar, con respecto a lo aquí expuesto, acerca de su aparente incompatibilidad con la facultad del hombre de llevar a cabo actos propios y personales mediante su propia voluntad y libertad. Las cuales voluntad y libertad se supone que han sido entregadas por completo a Cristo, de donde ya no son suyas ni puede disponer de ellas.

Debe tenerse en cuenta, sin embargo, que dicha entrega o donación tiene lugar en un *presente actual* que tiene lugar en un *ahora* que no es intermitente ni se interrumpe. No hay que olvidar que es condición exclusiva de la persona la facultad de entregarlo todo…, menos la facultad de entregarlo todo; ya que de otro modo, una vez perdida tal potencialidad, habría desaparecido su condición de persona. Así se hace posible que la creatura entregue todo su ser —en un instante que es siempre actual y por lo tanto continuado— y, no obstante, siga siendo ella misma. Que es lo que permite que el Apóstol pueda decir, sin contradicción alguna y en una misma frase, que *vivo yo, pero ya no soy yo el que vive.*

Un planteamiento más claro del problema sería como sigue: Dado que en el verdadero amor se trata de la donación en *totalidad* a la persona amada por parte del que ama, cabe suscitar una grave objeción. Pues si el amante lo entrega *todo* realmente, se queda privado de su capacidad de entregar, que es un *constitutivo fundamental* de la condición de la persona; y por lo tanto dejaría de ser persona. Si, por el contrario, no lo entrega *todo*, ya no se podría hablar entonces de una entrega en *totalidad.*

La solución está en que la entrega de la condición de persona, lejos de ser algo transitorio, es un acto que goza de perfecta y *perenne actualidad*: la entrega, efectivamente, es un acto real y, por lo tanto, tiene lugar en absoluta *totalidad*. Pero se realiza, y se sigue realizando, en la perfecta actualidad de una acción perenne que se hizo y que *se sigue haciendo.* De donde la persona ciertamente lo da todo, aunque no por eso deja de ser persona, por cuanto su entrega sigue teniendo lugar en un perenne y perfecto *ahora* que hace que conserve los constitutivos de su condición personal; que es la razón de que San Pablo dijera, en 1 Cor 13:8, que *la caridad no pasa jamás.*

Cabe plantear todavía la siguiente pregunta: Si la capacidad de entregar (y, por lo tanto, la de recibir, en perfecta reciprocidad) forma parte del constitutivo formal de la persona, por lo que respecta al misterio de la Trinidad (como lugar que es del Perfecto Amor y el fundamento y la fuente a los que han de referirse analógicamente todas las relaciones amorosas creadas), ¿qué decir entonces del Espíritu Santo?

¿En qué sentido podría decirse que dicho constitutivo puede predicarse del Espíritu Santo como Persona Divina?

Como es sabido, el acto es la perfección de la potencia. En el Seno de la Trinidad, la potencia y el acto son la misma cosa. De donde el Espíritu Santo es propiamente capacidad de entregar (y de recibir) *en perfecta actualidad*. De manera que puede decirse que es, conjuntamente, *pura donación y pura recepción*; o dicho con otras palabras, *todo donación y todo recepción*. Y por eso es la Persona Divina a quien con más propiedad, como hicieron los Padres, se le puede atribuir el nombre de *Don*. Dado que es eso, efectivamente, total y completo *Don* en cuanto que es *entrega*, y entero y total *Don* en cuanto que es *recepción*. A ninguna de las Tres Divinas Personas le corresponden mejor, por lo tanto, el nombre de *Amor* de Dios o también el del *Corazón de Dios*.

Y llegados a este punto, se da *la labor por acabada*. Pues se trata de la búsqueda de la Suprema Belleza, por lo que no hay sino detenerse alguna vez. A pesar de que todavía la meta se divisa como prácticamente inalcanzable, al menos por ahora, y *solamente se columbra y muy de lejos*. Con todo, siempre se pueden conseguir vestigios, fragmentos y semejanzas de la Belleza increada que, siquiera de momento, son suficientes para alimentar la esperanza en el corazón de quienes la buscan en su totalidad. En realidad, puede decirse que lo conseguido en el *ya*, justifica con creces lo que falta del *todavía no*.

¿Quién osará cantar a la belleza? Solamente los soñadores, por supuesto. Pero los santos y los verdaderos poe-

tas están incluidos en esa categoría, y de ahí que fueran capaces de salvar al mundo del prosaísmo de lo puramente práctico, que no es sino un modo de vida incapaz de mirar hacia lo alto y a todo lo que se encuentra más allá del horizonte.

¡Rema mar adentro!,[26] puesto que en la orilla solamente se quedan quienes no se atrevieron a aventurarse..., y por eso mismo jamás fueron capaces de hacer nada. Mientras que aquéllos que osaron emprender la arriesgada e impredecible búsqueda de la Belleza, que es lo mismo que decir la aventura de la santidad, aceptaron el riesgo de acabar en el fracaso..., y seguramente así fue en efecto como sucedió. Sin embargo, ¿se atreverá alguien a negar la posibilidad de que precisamente de ese modo encontraran el triunfo?: *¿Quién osará cantar a la belleza*; o dicho de otra forma, *¿quién pretenderá llegar a gozar de la contemplación de la Belleza infinita?* Y quizá fue bastante el atrevido acto de fidelidad que supo responder a la llamada de un Amor que parecía oírse desde la lejanía —o que tal vez susurraba demasiado cerca, ¿qué más da?—. Justamente entonces, a través del generoso intento de secundar el ofrecimiento que se le hacía, la pequeñez o la nada de lo conseguido fueron suficientes, sin embargo, para mostrar

---

[26]Lc 5:4.

la grandeza de un corazón que, arriesgadamente confiado por excesivamente enamorado, bien pudo merecer, por eso mismo, la alegría de lograr la posesión y la intimidad de su Señor: *¡Bien hecho, siervo bueno y fiel! Porque fuiste fiel en lo poco, yo te pondré sobre lo mucho: Entra en el gozo de tu Señor.*[27]

---

[27]Mt 25: 21.23; Lc 19:17.

Índice de Citas

del

Nuevo Testamento

HECHOS DE LOS APÓSTOLES

ROMANOS

1 JUAN

1, **25**
8, **180**
14, **112**
4: 5, **205**
8, **41**, **126**
18, **80**
20, **25**, **26**

APOCALIPSIS

2: 17, **119**, **184**
23, **56**
3: 20, **46**, **84**
18: 6, **56**
19: 9, **46**
17, **46**
20: 12–13, **56**
21: 4, **59**, **148**
5, **82**
22: 17, **136**
20, **136**

Índice

de Cantos

Índice

General

Florilegio